改訂版

核兵器ではなく花をください

菅野光公

かもがわ出版

増補改訂版への「まえがき」

「核兵器禁止条約」２０２1年遂に発効！

本書の初版発行は、２０１8年夏だった。その翌年、本書を読んで下さった、月刊経済誌編集長から、「8月に想う」と題した随想を寄稿するよう依頼があり、筆者は取材のため15年振りに広島を訪れた。２００4年に、アメリカ市民からヒロシマ市民に贈られた「ハナミズキ」の、その後を確かめたかったのだ。秋葉広島市長（当時）のリーダーシップで、２００4年11月19日、広島平和記念公園横の京橋川沿いに１００本のハナミズキ苗木が、日米各市長や市民たちの手で植樹された。筆者も植樹した。当時2メートル位だった苗木は、15～6年経って5メートルを超えていた。樹木の背丈は伸びていたが、周囲は雑草だらけで、このハナミズキを巡る「日米市民交流史」の説明看板もなく、大切な市民外交記念品が放置されたままだった。地元新聞社の若手記者2人に「このハナミズキについて知っていたか」と聞くと、二人とも「知りませんでした」。ガッカリした私は、同紙の幹部に「ぜひ記事にして、広島市民のみならず、国民に広く知らせてほしい」と訴えた。答えは「広島における複雑な政治的力関係のもと、今は大きく扱えない」だった。現広島市長は秋葉前市長とは、政治的立場が真反対の人だ。

本書の第1章 - 3には「大切な外交贈答品が行方不明になった」として、１９１5年アメリカからプレゼントされた「外交的に大切な」ハナミズキが、東京市（当時）の不手際で、戦後長期間行方不明のまま放置された事を書いた。今また、広島で同じ過ちが繰り返されている。過ちを正すのは市民の力だ。２０１9年参議院広島選挙区での、公職選挙法違反事件（一審有罪）は記憶に新しいが、広島の政治風土には問題があるのではないか。

本書初版の第3章－9に筆者は、『核兵器の効用として流布されている「抑止力」とは虚構に過ぎず、暴力主義・敵殲滅主義を美化する、大ウソである』と記した。改訂版には『核兵器は今や使用不能な魔物で、地球を破滅に導くウルトラ危険在庫だ』と付け加えた。同じタイミングで、２０２1年1月「核兵器禁止条約」が発効した。２０１7年7月7日に国連総会で可決されていた同条約を、批准する国々がついに50か国を超えたのだ。

本書のテーマは「草の根の日米交流」である。「草の根」すなわち市民レベルの素朴で心温まる国際交流にも、やはり戦争や政治の影響が色濃く影を落としてきた。日米が友好関係だった時には、お互いにプレゼントし合った花や人形は大切にされていたが、ひとたび戦火を交えると、花や人形を憎しみのシンボルとして敵視する風潮が生まれた。

一方、そんな世間の空気には流されずに、信念を貫いて花や人形を守った人々もいたのである。このような市井の人々の行動や気持ちが、忘れ去られることが無いように本書に記録した。

21世紀の今日、東アジア諸民族に対する憎悪・差別をあおる勢力が、日本に台頭してきている。本書は、そのような「いつか来た道」に対する警鐘でもある。

時代に抗うには、信念や思想が必要だ。こうした「思想」は意識的に、わけても若者に対して継承して行く必要がある、と老筆者は考えている。

核兵器ではなく花をください　目次

第3章　現代日本の若者向け「日米史入門」　37

第 1 章

桜とハナミズキに
込められた
平和交流への願い

1　桜のプレゼントから112年

《ポトマックの　桜にうたひ　月に酔ひ　雪をめでつつ　わが世終えなむ》

これは、明治・大正・昭和を通じて63年間国会議員を務め、憲政の父と呼ばれ、ポトマック河畔への桜贈呈に尽力した尾崎行雄が、1950（昭和25）年にワシントンDC（米国首都）のポトマック河畔で、満開の桜を鑑賞しながら詠んだ歌である。

1912年に3000本の桜をプレゼントした頃には、良好だった日米関係だが、以後の20世紀前半は戦争・原爆投下という、最悪の敵対関係に至った。こうした激動の40年を経て、再度アメリカの土を踏んだ尾崎の感慨が、冒頭の歌に良く示されている。

1909年（明治42年）ワシントンの緑化運動を進めていたヘレン・タフト（27代米大統領ウイリアム・タフトの夫人）が、盟友エライザ・シドモアにワシントン・ポトマック河沿いに植樹する木の選定への意見を求めた。女性ジャーナリストで親日家のシドモアは、迷わず「大和桜（ソメイヨシノ）」を推薦、タフ

ワシントン記念塔付近の桜

ト夫人は桜の入手について、当時ニューヨークに在住していた高峰譲吉博士に相談した。高峰はこれを東京市長尾崎行雄に協力依頼、ただちに第一便の桜の苗木2000本が届けられた。112年前のことである。

高峰博士は、胃腸薬タカジアスターゼの発明者で、アメリカにおいて成功を収めていた薬学博士である。また、東京市長は、現在の都知事にあたる。シドモアの墓地は横浜市中区山手町の「外国人墓地」にあり、墓碑の傍らには大きな桜の樹が植えられている。

1909年は、日露戦争終結から4年であり、尾崎は日本が戦争に「勝った」のは、T・ルーズベルト大統領の調停（ポーツマス条約）のおかげと考えており、お礼をする機会を期していたという。当時、日本の国民感情は「戦争に勝ったのに戦後処理外交で負けた」とするのが一般的で、日比谷焼き討ち事件にも見られる如く、アメリカの役割を冷静に評価する者は少なかった。

２０００本の桜には、尾崎の深い思いが込められていたのだが、不幸にもこの苗木は土壌伝染性の病菌に侵されていることが、アメリカの植物検疫で判明、すべて焼却処分された。国境を越える細菌・ウイルス問題対策として、２０２０年の「新型コロナ」と通ずるところもある。

尾崎は、直ちに静岡市興津《おきつ》の農事試験場に無菌の苗木育成を依頼、ここで育苗された３０００本が１９１２（大正元）年に改めてワシントンに向け船積みされ、同年ポトマック河畔に植えられたのである。

１９３８年、ポトマック公園にジェファーソン記念館の建設が始まり、日本から贈った桜が伐採に瀕するという危機が訪れた。１９３３年にＦ・Ｄ・ルーズベルト（民主党）が政権を奪還、これを機に民主党の大先輩ジェファーソン記念館が建設されることになった。実は、共和党大統領リンカーン記念館が１９２２年に完成しており、民主党の対抗意識が生んだ新記念館建設であった。この建設工事のために、３５８本の桜が切り倒されるという計画に対して、ワシントン市民からの猛烈な反対運動が始まり、婦人団体はルーズベルト大統領に直接抗議したという。このため、市当局も原案を撤回して88本を伐り、83本を移植することに変更した。１９３８（昭和13）年は、真珠湾攻撃の３年前で、前年の１９３７年には日中戦争も始まり、日独伊防共協定が成立するなど、アメリカの反日感情が次第に高まり始めた時期であり、なかには「すべての日本からの桜を切り倒せ」という極論まであったという。結局、市民の力に守られて桜は残った。桜を伐り倒そうとするのを、体を桜の木にしばりつけて阻止しようとした婦人もいたというエピソードまで残っている。この1930年代頃から、ワシントンの桜は全米の名物として知れ渡ったようで、1938年4月の桜満開の日曜日には、ニューヨークから観桜臨時列車が1日4～5本運転され、1日8000人程の見物客を運んだとの記録もある。「桜まつり」という名前で、フェスティバルが毎年春、ワシントンで開催されるようになったのは1935年からだ。

2　返礼のハナミズキから106年

この桜への返礼として、1915（大正4）年4月26日、アメリカ農務省のウォルター・スウィングル博士が政府代表として来日、ハナミズキの苗木40本（白花種）を持参、日本にプレゼントしてくれた。これが我が国へのハナミズキ初渡来である。このハナミズキは日比谷公園など東京各地に植えられ、当初は大切に育てられた。しかし、移植が繰り返された事や、日米間の太平洋戦争勃発のために管理が悪くなり、40本のハナミズキ原木の行方が次第に分からなくなった。

なぜ40本だったのか？　資料がないので想像するしかないが、スウィンググル博士は木製のリンゴ箱くらいの箱一つに、ハナミズキ苗木を大切に詰めて持ってきてくれたのではないだろうか。日本まではおそらく船旅であったろう。もしかしたら随行員なしの一人出張だったかもしれない。そう考えると、博士が日本にハナミズキをプレゼントするため、途中の水やりなどに汗をかきながら大奮闘してくれた様子が、とてもユーモラスに浮かんでくる。

1917（大正6）年には、紅花種ハナミズキの苗木13本と、同種のタネ220グラム、それに白花種のタネ1ポンド（454グラム）が米国から贈られたと記録にある。ハナミズキは、日本の土壌・気候に良く適合し、今日では全国あちこちの街路樹として、広く定着している。

ハナミズキの原産地は北米で、マサチューセッツ州からフロリダ州にかけて、アメリカ東部に広く分布している。ワシントンに隣接するヴァージニア州や、ノースカロライナ州では州花に、1996年オリンピックが開催されたアトランタ市では市花に定められている。

2006年頃にヒットした、一青窈《ひととよう》の「ハナミズキ」には〝君と好きな人が　100年続きますように〟と歌い込まれている。今年（2021年）で初渡来から106年になる。

3　大切な外交贈答品が行方不明になった

この記念すべき初渡来の「ハナミズキ原木」はその後どうなったのか。何本残ったのか、どこに植えられたのかなどが、分からなくなってしまった。筆者も日米の友人に手あたり次第尋ねてみたが、知っている人はいなかった。この疑問は、戦後何度か新聞でも取り上げられていて、1950年3月31日の朝日新聞「天声人語」には、《アメリカから贈られたハナミズキの行方が分からずその消息を知りたい》と書かれているし、1990年4月には毎日新聞に、1992年4月には読売新聞にも同様の記事が掲載された。

1996年4月にはNHK・TVが、東京都建設局公園緑地部の住吉課長に、東京市が80年前にアメリカからもらったハナミズキの行方についてインタヴューしたが、住吉氏の答えは「戦中・戦後の混乱の中で行方が分からなくなってしまった。その後調査もしていない」という無責任なものだった。桜のお返しにもらったハナミズキ、単なる個人間のプレゼント交換ではなく、国と国とのいわば外交贈答品である。「行方が分からなくなってしまった」で済む話では無い。「その後調査もしていない」に至っては、外交センスゼロだ。

それどころか、同盟通信（時事・共同通信社の前身）元記者大沢正作さんの証言によれば、戦時中日本軍の中には「ハナミズキは敵国樹だから切り倒せ」との声があったらしく、日比谷公園の何本かは兵士の手で伐り倒されたようだ。あまりにも幼稚な視野狭窄の極みである。

4　初渡来のハナミズキ原木を探せ！　――1992年

さあ困った。桜のお返しにもらった由緒あるハナミズキ原木だ。これは何としても探し出さねばならない。この話を前出尾崎行雄のお孫さん原不二子さんにした時、峰与志彦さんを紹介して頂いた。峰さんは、尾崎行雄の業績を世界にもっと広く知ってもらおうと、地道な活動をしてこられた方である。峰さんと筆者の文通が始まった。

1992年6月2日、筆者から峰さん宛ての手紙より。

『拝復　お便り有難うございました。ワシントンは4月の桜、5月のハナミズキと美しい花の季節を終えて、緑濃い6月となりました。

尾崎行雄がアメリカに贈った桜に対する返礼として、1915年にアメリカから日本にハナミズキがプレゼントされました。（中略）ところが、残念なことにというより恥ずかしいことに、その贈られたハナミズキが今どうなっているか分からなくなってしまいました。

峰さん、この件を調査・解明していただけませんでしょうか。ワシントニアンが、日本からの桜をこんなに大切にしてくれているのに……』

峰さんは、筆者からのこのお願いを真正面から受け止めて下さった。彼は後のご自身の著書にこう書いておられる。

《私はこれを何度も読み返し、この内容の重みをかみしめた。そして、その依頼に誠意をもって果たし、桜とハナミズキの交流の絆を確認したい、と決意したのだった。以下、私が足で尋ねたその原木探しの経緯を語りたい。》

峰さんは1992年6月から約5年間、地道な調査をすべて手弁当で実施して下さった。多くの方々の善意にあふれた協力もあった。その調査記録を、峰さんは『アメリカからきたハナミズキを知りませんか?』という小冊子にまとめて出版されたので、以下に少し引用させていただく。

《耳寄りな情報が親しい友人から入った。東京都立園芸高校に原木があるらしいというのだ。早速カメラを肩に、大井町線等々力《とどろき》駅から同校に向かった。造園科の矢田勝男先生の案内で、かなり深い森のはずれにひっそりと立っている2本のハナミズキに出会えたとき、私は深く感動して、しばしその前に立ちすくんでいた。矢田先生によると、これは原木だということで世田谷区指定保存樹だという。

（中略）

ワシントンに贈った3000本の桜を育てた、静岡県清水市興津果樹試験場にも原木があるらしいとの情報を得たので、まず電話で問い合わせた。梶浦一郎支場長は、原木が1本健在ですと答えてくれた。1993年1月現地を訪れて原木との面会を果した。》

こうして峰さんは丹念に現地調査をして、情報や記録を検証していった。その結果、原木と確認または推定されるハナミズキは、本書の文中に記述したもの以外では、次の場所に残っていた。

有栖川記念公園（東京都港区）
多磨霊園（〃 府中市）
浦野家の庭（〃 世田谷区）

日比谷公園にアメリカから来たハナミズキの原木があるという説がしばしば紹介されるが、これはどうやら間違いのようだ。峰さんの調査によると、真相は以下の通りである。

1915年、日比谷公園に白花種の原木5本植樹。うち4本は野方苗圃（中野区）に移植されたが、

3本が井の頭公園（武蔵野市）に、1本が神代植物公園（調布市）に再移植されたと記録にある。計算では日比谷公園に1本残っていることになるが、「現在、日比谷公園に原木はない。あるのは孫の木」（日比谷公園管理事務所）とのことなので、枯死したか、行方不明か、もしかしたら伐り倒されたのかもしれない。

5　遂に自力で原木発見 ――1996年

ここまでに述べたものは、いずれも記録や伝承に基づく原木調査だった。新しい「原木」を発見したい、物的証拠で証明できる原木がどこかにないのだろうか……筆者がアメリカ勤務から帰国した1995年、峰さんと対面して最初に語り合ったのは、上記のような野心的な原木探しへの執念だった。小石川植物園（文京区）と新宿御苑（新宿区）に狙いを定めたのは、峰さんだった。これまでの地道な調査によって培われた、鋭い動物的カンが働いたようだ。物的証拠のためには、木の年輪を調べる必要がある。1915年に日本へ初渡来した苗木は、1995年には80歳になっている計算だ。

「ヨシッ、年輪調査のために生長錐という道具を手に入れて、原木候補の年齢を特定しよう」

小石川植物園でハナミズキの原木を前にした著者（左から２人目）ら

行動派の峰さんは、知り合いになったばかりの東大植物園下園先生に、生長錐借用を懇願、なんとOKが出たのだ。あとは、生長錐で木に穴をあける了解を取らなければならない。難関だと思っていた新宿御苑との交渉には、NHK・TVのディレクターが当たってくれ、こちらもOKになった。峰さんの原木探し活動をTV番組にする企画があり、タイミングどんぴしゃりであった。

「運が向いてきたゾ」

峰さんと筆者のモチベーション（やる気）が上がったのは言うまでもない。ワクワクしてきた。

1996年4月20日、雨。峰さん筆者、新宿御苑責任者にNHK取材スタッフが、新宿御苑で一番大きなハナミズキの幹から、割り箸1本分位の年輪調査用サンプルを採取した。その日の内に、このサンプルを東大植物園の下園先生の研究室に持参、樹齢を鑑定していただいた。

果たしてこの新宿御苑のハナミズキは何歳か。80歳以上であれば、正真正銘の原木だ。下園先生の鑑定は……

「このハナミズキの樹齢は60年から65年です。太い木が必ずしも古い木とは限らないのですよ」。

一同ガックリ……下園先生は続けて、

「実は、1983年に私が東大付属小石川植物園のハナミズキを2本、樹齢調査したのです」と言いながら当時の記録を見せて下さった。2本とも1983年調査時点での樹齢が、70～73年だった。その時から丸12年経過している。ということは、樹齢82～85年。先生曰く「私はこの2本のハナミズキが、アメリカから最初に贈られた原木だと考えています。1本は今も元気ですが、もう1本は残念ながら数年前の台風で倒れてしまい、今は切り株だけが残っています」。

このあとの、一同の振る舞いを想像して頂きたい。峰・菅野・NHKスタッフとも、小踊りしながら、小石川植物園で生きているハナミズキ原木のもとへ駆けつけたのだ。峰さんは原木のハナミズキに抱き付いて、幹を撫でまわしていた。

切り株になってしまっていたハナミズキ原木は、その後もしばらく同植物園の片隅に放置されたまま、訪れる人もなく淋しい日々を送っていた。峰さんの発案で、これを永久保存しようということになり、埼玉県大宮市でハナミズキの栽培に力を注いでおられる造園業者石井克司さんの献身的なご協力を得て、１９９７年９月22日掘り出した。掘り出す作業には、峰さんや筆者のみならずハナミズキが好きな地元住民数名も立ち会った。切り株は、石井さんの手で防虫防腐処理がほどこされて、１９９８年４月７日、東京都千代田区永田町の、憲政記念館に運び込まれて展示された。

こうして、１９１５年に外交贈答品として、アメリカから日本にプレゼントされたハナミズキが、正真正銘の原木が、市民の手によって20世紀の終盤に発見され公開・展示された。政治家や外交官の手を煩わせることなく、一介の市民たちだけの手によって外交的失態を修復することが出来たのである。

この、１９９６年の「大発見」から24年後、２０２０年１月に新事実が判明、生き残っていたほうのハナミズキが枯死、いつのまにか根こそぎ処分されていたのである。東大付属小石川植物園の方の説明では「枯死したハナミズキの場所に、東京都立園芸高校に残っているもう一本のハナミズキ原木から種を取り、それを育てた苗が植えられています」。

筆者は早速現場を訪れ、原木とＤＮＡが繋がっている数本の苗木を確かめながら、「良かった、ホッとした。峰さんたちと最初に枯死したほうの切り株を、憲政記念館に大切に保存・展示したのは大正解だ。生きた伝承は、今東大小石川植物園にある、この数本の若い苗木に託そう」と、心の中でつぶやいた。

6　被爆地ヒロシマに米国市民からハナミズキが贈られた　――2004年

2004年11月19日、広島平和記念公園から約2キロメートル東側を流れる京橋川沿いで、ハナミズキ記念植樹式が行われた。広島市長秋葉忠利さんの呼びかけで開催された、『日米都市サミット』関連行事として、日米各市長や市民たちの手で100本のハナミズキの苗木が植えられたのである。秋葉市長は「近いうちに京橋川沿いを、1000本のハナミズキ並木にします」と宣言、筆者もこの植樹式にゲストとして招待され、サイパン市長のフアン・トゥデラ氏と共に記念植樹してきた。(写真)尾崎行雄の孫、原不二子さんも同席された。

1999年4月に筆者の著書『プレゼントされたものを粗末にした日本』を10冊広島市長あてに送付して「広島の子供や青年が読めるように、図書館に並べて下さい」と書き添えた。『プレゼントされたもの』とは1915年にアメリカから日本に贈られてきたハナミズキのことである。後に秋葉市長からお手紙が来て、「2000年8月の平和宣言に、広島にハナミズキの並木を作る計画のことを入れます。アメリカ市民に呼び掛けて、ハノミズキの苗木や種を寄付してもらい、広島市民とアメリ

広島のハナミズキ記念植樹式で秋葉市長（当時、右）と筆者

カ市民との「和解」のシンボルにしたいと願っています」とあった。秋葉さんはこの計画を着々と実現されて、2004年のハナミズキ記念植樹式という形で実を結んだのである。

2000年8月6日の「平和宣言」には《私たちは、20世紀の初め日米友好の象徴として交換されたサクラとハナミズキの故事に倣《なら》い、日米市民の協力の下、広島にすべての「和解」の象徴としてハナミズキの並木を作りたいと考えています》と明記してある。4年後にこの「公約」が実行されたのだ。

秋葉さんの、時代の先を読んだ先進的な行動は枚挙にいとまがないが、実はオバマ大統領の広島訪問をお膳立てした陰の立役者は、秋葉広島市長であることを知る人は少ない。

2010年1月21日、秋葉さんがホワイトハウスでオバマ大統領に面会した際に、握手をしながら「私は広島市長です。いつか広島にいらして下さい」と（英語で）話すと、オバマ氏は「I would like to come 」と答えたそうだ。筆者は後日、この話を国会議事堂の向かい側にある憲政記念館で、秋葉さんから直接伺った。

オバマ大統領の広島訪問の詳細については、第3章に記す。

2019年6月、ある月刊雑誌編集長から「広島に植樹されたハナミズキのその後について、随想を書いてほしい」と筆者に依頼があり、その取材のため15年ぶりに広島を訪れた。2004年の植樹式当時2メートル位だった苗木は、15~6年経って5メートルを超えていた。樹木の背丈は伸びていたが、周囲は雑草だらけで、このハナミズキを巡る「日米市民交流史」の説明看板もなく、大切な市民外交記念品が放置されたままだった。地元新聞社の若手記者2人に「このハナミズキについて知っていたか」と聞くと、二人とも「知りませんでした」。ガッカリした私は、同紙の幹部に「ぜひ記事にして、広島市民のみならず、国民に広く知らせてほしい」と訴えた。答えは「広島における複雑な政治的力関係のもと、今は大きく扱えない」だった。現広島市長は秋葉前市長とは、政治的立場が真反対の人だ。2019年7月の参院選広島選挙区で、自民党河井案里陣営がくり広げた買収事件の一審判決が、21年1月言い渡された。懲役一年四月の有罪。広島の政治風土は「洗濯」しなければならない。

本書の第1章－3には「大切な外交贈答品が行方不明になった」として、1915年アメリカからプレゼントされた（外交的に大切な）ハナミズキが、東京市（当時）の不手際で、戦後長期間行方不明のまま放置された事を書いた。今また、広島で同じ過ちが繰り返されている。過ちを正すのは市民の力だ。

第2章

青い目の人形と日本人形がたどった運命

1　人形のプレゼント交換から94年

戦争は国民を集団的狂気の世界へ追い込む。日米プレゼント交換は「人形」でも行われたのだが、この人形も犠牲になった。

1913（大正2）年米国カリフォルニア州議会で、「外国人土地所有禁止法」が制定された。これによって、日本人移民の一世は帰化権のない外国人とされ、アメリカにおける土地所有権を奪われた。

アメリカから送られた青い目の人形

1924（大正13）年には、米国議会で排日条項を含む「新移民法」が可決され、日本からアメリカへの移民が全面的に禁止された。

こうした日米関係の険悪化を憂慮した牧師のシドニー・ギューリック氏は、日本に対する好意の表明と、子供どうしの日米交流に望みを託して「フレンドシップ・ドール」運動を起こしたのだった。

1927（昭和2）年、ギューリック牧師の呼びかけで、アメリカの教会や市民団体から日本に贈る

「フレンドシップ・ドール」が約1万3000体集められた。この友情の人形は「日本国際児童親善会（会長・渋沢栄一）」によって、全国津々浦々の小学校や幼稚園に配られた。各学校では、盛大な「青い目の人形歓迎会」が催され、初めて異国の人形を抱いた日の思い出を、後に涙ながらに語る婦人たちの映像も残っている。ちょうど同じころに、童謡「青い目の人形」が流行した。

♪ 青い目をしたお人形は　アメリカ生まれのセルロイド
日本の港に着いた時　いっぱい涙を浮かべてた
私は言葉が分からない　迷子になったらなんとしょう
やさしい日本の嬢ちゃんよ　仲良く遊んでやっとくれ……
（野口雨情作詞）

日本からも、お返しとして日本人形がアメリカに贈られた。北海道からの人形には「ミス・ホッカイドウ（北海花子）」、鹿児島からのには「ミス・カゴシマ」などと名前が付けられ、各都道府県から58体の豪華な日本人形が太平洋を渡った。

1927年の日米人形交換が、日本における大々的な国際人形交流の初年だったようだ。横浜市中区の山下公園傍にある「横浜人形の家」では、人形の歴史展示コーナーの起点を1927年としてい

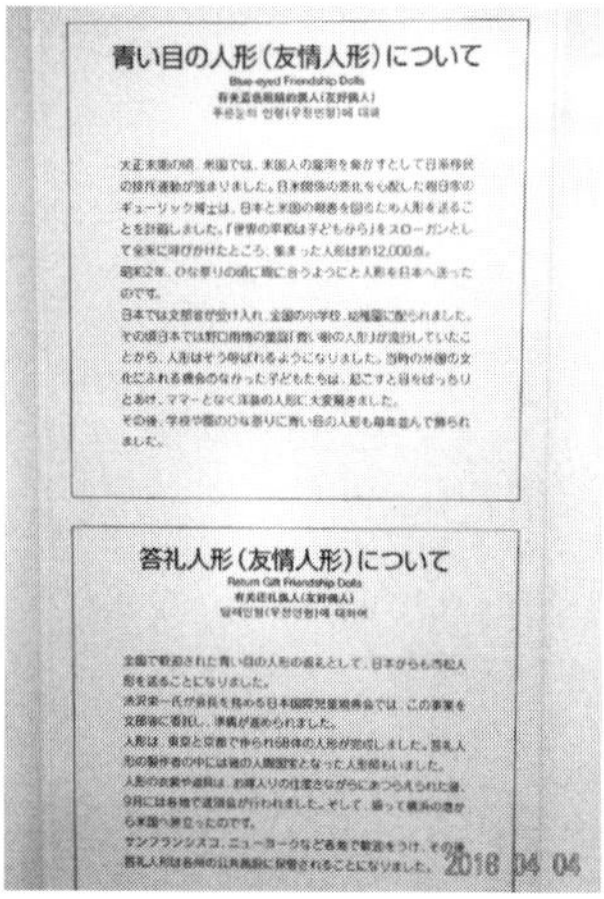

青い目の人形の答礼としてアメリカに送られた日本人形

る（写真）。このプレゼント交換から94年になる。

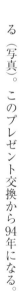

2　青い目の人形が竹槍で突き刺された

このような、日米の子供どうしの人形プレゼント交換に込められた友好の願いもむなしく、1941年日米は戦争に突入、人形受難が待ち受けていた。

日米戦争中の新聞投書欄には、「敵国アメリカからもらった人形など、こわしてしまえ」という意見が掲載され、「敵国からもらった人形を大切にすることは、清く正しい私達の祖国日本を裏切ることになります。戦地ではお父さん、お兄さんが命をかけて鬼畜米英と戦っているのです。ですからこの人形を、にくい敵だと思って、死刑にしてやろうではありませんか」と、子供達に言う小学校教師もいたという。

1943年2月19日の毎日新聞には「青い目をした人形、憎い敵だ許さんぞ、童心にきくその処分」という見出しで、次のような記事が掲載された。

《約15年前日米親善のふれこみで米国からわが国の小学校へ一体づつ寄贈になった「青い目をした眠り人形」は今にして思へば恐ろしい仮面の親善大使であった。青森県西津軽郡教育会では各校に保存されてゐるこの人形の処置につき、過般鰺《あじ》ヶ《が》澤《さわ》校で開催の中堅訓導練成会席上で検討の結果、臨席の穴吹教学課長も「問題は西郡だけでなく県、否全国的の問題である」と重大視したが、鰺ヶ澤国民学校では16日初等科5年生以上の児童に人形の渡日経路だけを説明して処置の答案をとったところ、大部分は憎い国アメリカからの贈物である以上たたきこはせと決戦下日本の観念が童心にも根強く織込まれてゐる。同校児童の答案集計は次の通りである（初5年以上特修科まで）

破壊	89名
焼いてしまへ	１３３名
送り返せ	44名
目のつく所へ置いて毎日いぢめる	31名
海へ捨てろ	33名

白旗を肩にかけて飾っておく　　5名
米国のスパイと思って気をつけよ　1名
なほ郡教では郡下の人形を一場所へ集め機会ある毎に児童らに見せて敵愾心を植ゑつける方法をとる計画である

【速かな処置を、文部省国民教育局久尾総務課長談】
「全国各国民学校に青い目の人形が送られているとは思ひません。あるとしても15年前の人形を麗々しく飾ってあるとは思へない。しかしもし飾ってあるところがあるならば速に引っ込めて、こはすなり、焼くなり、海へ棄てるなりすることには賛成である。常識から考へて米英打倒のこの戦争が始まったと同時にそんなものは引っこめてしまふのが当然だらう。この人形の処置について児童に回答を求めるなどといふことは面白いこゝろみである」》

大人にそそのかされた子供たちの手によって「フレンドシップ・ドール」は、焼かれたり、竹槍で突き刺されたりした。1万2000体以上が引き裂かれたり灰になったりして、現在残っているのは、心ある人によって隠され守られた、およそ270体のみである。

いっぽう、アメリカに贈られた58体の日本人形は、44体保存されているのが確認されている。元武庫川学院日本文化センター（米西海岸ワシントン州に所在）館長、高岡美知子さんが、在米の

1992年から2006年まで全米を調査して、44体を一つ一つ現認して下さり、この活動を『人形大使もうひとつの日米現代史』（日経BP社）として出版された。

3　青い目の人形をこっそり守った人々

1994（平成6）年夏、北海道の室蘭市民俗資料館に青い目の人形が1体寄贈された。贈り主は、室蘭に隣接する登別市在住の泉田ヒデさん（当時77歳）で、太平洋戦争の頃室蘭市絵鞆《えとも》尋常高等小学校の看護婦（養護教員）だった人である。

ヒデさんご本人の証言と『室蘭市民俗資料館研究紀要第2号（1999年）』によれば、この人形は、戦前に日米親善のため絵鞆小学校に寄贈されたもので、太平洋戦争開戦時に適性人形として焼却される寸前に、ヒデさんが隠して自宅で保存してきたものだ。戦争中のある日、ヒデさんは教頭に呼ばれて思いがけないことを頼まれた。

「青い目の人形は、どうしても処分するにしのびない。将来の子供達のためにも守ってほしい。この秘密は私とあなたしか知らないことだ」

しばらくの間、ヒデさんはこの人形を養護室（保健室）に隠していたが、敗戦間際の混乱時に自宅へ移し、家族にも話さず秘かに守り続けた。１９５９（昭和34）年ヒデさんは退職、それからも教頭との約束を守って退職後の35年間も秘蔵し続けた。

１９９４年当時、室蘭市民俗資料館長であった久末進一氏の調査によれば、１９２７年にアメリカから日本にプレゼントされた人形は総数１万２７３９体、そのうちの１万３９１体が全国各都道府県に配布され、北海道に６４３体、室蘭市には同年４月22日に12体が届けられた。この12の人形の１体に「エブレン」の名があったことが判明したので、久末さん達は、現在資料館に保存されている人形にこの名を命名、呼び方を現代風に改めて「イブリン」とした。

桜とハナミズキの日米花交換の歴史に興味を持って調べていくうちに、青い目の人形の受難を知り、筆者はひどくガッカリするとともに、戦争中多くの日本人が「権力者を批判出来ない物言わぬ臣民」であったことに腹立たしさと恥ずかしさを感じていた。けれども室蘭で、「イブリン」を命がけで守って下さった泉田ヒデさんにお会い出来て、その勇気ある行動を知る機会を得た。自らの信念に従って上からの命令に抵抗し、付和雷同する多くの庶民とも一線を画して、アメリカからのプレゼント「青い目の人形」を守り通して下さった方が、室蘭にもおられたのである。個人の志の高さ尊さが良く表れている。

4　ヒロシマの小学校に青い目の人形が届いた　――2019年

この「青い目の人形」達には、神がかった恐るべき力、日本人とアメリカ人とを結びつける運命的な魔力が宿っている。

第1章の最後に、アメリカ市民からヒロシマ市民へプレゼントされた、ハナミズキについて書いた。15年振りに取材に行ってみると、その大切な「外交贈答品ハナミズキ」は雑草の中に放置されたままで、筆者は落胆と怒りを覚えた。その夜、広島の盛り場で同地に住む古い親友3人と一杯やりながら、筆者の怒りをぶちまけた。すると親友の一人が、

「まあ、そがいに怒りんさんな。心温まるエエ話もあるんじゃけえ」

「なんかいね、そのエエ話ゆうのは？」筆者に広島弁がうつっている。

「2〜3日前の中国新聞に、アメリカの大学教授夫妻から（広島）本川小学校に、青い目の人形が贈られたゆう記事が載っとったで」

「ホンマかいのう。その記事見たい」

広島本川小学校　岡田校長と青い目の人形

「エヘヘ、ちゃんと持って来とるわいねえ」

　2019年6月1日の地元紙「中国新聞」に、カラー写真入りでその運命的な記事が掲載されていた。見出しは『青い目の人形平和願い託す』とあり、シドニー・ギューリック3世夫妻が、1927年と同様の青い目の人形を1体持参して、広島市中区の本川小学校にやって来たのだった。記事には「祖父の遺志を継ぎ、夫妻は1987年、日本の小学校や幼稚園に新青い目の人形を贈り始めた。これまで全国で292体、広島県内では福山市や呉市の小学校などに22体を届けた」とある。

　これは特大級のビッグニュースだ。にもかかわらず、朝日・毎日・読売などの全国紙や全国ネットのテレビ局は、取り上げていない（ようだ）。

日本のマスメディアもまた、外交センス喪失状態に陥っている。

この記事を読んだ筆者は、すっかり気分が良くなり、親友たちに青い目の人形が持つ運命的な魔力と、外交における市民の役割の大切さについて、とうとうと持論をブッタのは言うまでもない。「シドニー・ギューリック3世夫妻が持参して下さった、新しい青い目の人形が、広島でほったらかしにされているハナミズキの境遇を助け、日本の外交的無礼をやんわり戒めてくれたのだ」と。

翌日筆者は、アポ無しで本川小学校を訪れた。世界遺産の広島原爆ドームと、川一つ隔てた場所にこの小学校はある。この川の名前は「ほんかわ」。学校の敷地内に「本川小学校平和資料館」がある。校長の岡田先生は、快く面会して下さり、貰い立てホヤホヤの青い目の人形に会わせて下さった（写真）。

第3章

現代日本の若者向け「日米史入門」

1　日本とアメリカが戦争した？　ウソでしょ

筆者は22年前に『プレゼントされたものを粗末にした日本』という題で、草の根の日米交流を記した本を出版した。これをテキストに、大学で講義をした時の事だ。


「先生、日本とアメリカが戦争したって本当ですか？　ウソでしょ」

「広島と長崎に、どういう順番で原爆が落とされたのかは、学校で習っていません」

「先生のテキストには、真珠湾攻撃が12月7日と書いてありますが、高校では12月8日と習いました」

「高校では大学受験対策のために、世界史も世界地理も選択しなかったので、僕の世界理解は中学レベルでストップしています」


などという率直な意見・感想を数多くの学生から聞かされた。それも優秀で真面目な学生の発言なので、私は「事態は深刻だ」と憂慮した。他大学の先生方に話を聞くと、どこでも似たような状況だと分かった。多くの先生方は「近現代史をきちんと学ばせないと、国際社会で恥をかく」「日本全体で、大人たちが教養としての近現代史を重視する社会にしなくては」「日常会話でもっと歴史の話題が交わされるべき」などという問題意識をお持ちだった。筆者も同感である。

グローバル化時代だ、東京オリンピックだということで、英会話習得にばかり気を取られるよりも、日本の若者には必須教養としての世界近現代史を、先ず学んでほしいと考えるので、第3章は『現代日本の若者向け「日米史入門」』とする。

日米関係略史

1845	米国船マンハッタン号が漂流日本漁民22人を救助して浦賀に送り届け
1853	ペリー来航
1856	アメリカ総領事ハリス、下田に駐在
1860	遣米使節・新見正興ら訪米
1904〜05	日露戦争
1905	アメリカの仲介でポーツマス条約締結
1909	日本からアメリカに桜2000本を贈るも、植物検疫の結果焼却処分に
1912	〃　桜3000本を贈呈。ワシントン・ポトマック河畔に植樹
1915	アメリカから日本に返礼のハナミズキ40本プレゼント。日比谷公園等に植樹
1924	アメリカで排日移民法成立

1927　日米人形交換、米国から1万3000体。日本から58体
1936　米雑誌『FORTUNE』が日本特集を記事に
1941　太平洋戦争（日米戦争）開戦
　　　ハナミズキ・青い目の人形受難
1945・4　米軍、沖縄に上陸
1945・7　ポツダム宣言
1945・8　広島・長崎にアメリカが原爆投下
1951　日米安全保障条約締結
1954　防衛庁・自衛隊発足
1955　日米原子力協定調印
1960　日米新安保条約・地位協定調印
1972　沖縄返還
1989　三菱地所がNY中心街のロックフェラー・センターを買収（2200億円）
1991　湾岸戦争開戦
1992　名古屋の高校生服部剛丈君がルイジアナ州バトンルージュで銃殺
1999　日米安保新ガイドライン法制定

2003　イラク戦争開戦、自衛隊イラク派遣
2004　ヒロシマで米国民から贈られたハナミズキ植樹式
2010・1　秋葉広島市長、ホワイトハウスでオバマ大統領に「広島訪問を」直接要請
2014　日本政府、集団的自衛権行使容認を閣議決定
2015　日本政府、集団的自衛権行使関連法国会で可決
2016　米国大統領オバマがヒロシマ訪問
2017　国連で「核兵器禁止条約」可決、米英仏露中等が反対、日本も反対
2017　非政府組織ICANがノーベル平和賞受賞。サーロー節子さん受賞演説
2017　米国が国連安保理に北朝鮮制裁決議提出。従来とは矛盾した態度
2021　核兵器禁止条約が発効

2　マンハッタン号が日本漁民を救助　――1845年

「マンハッタン」と聞いて、若い諸君が思い浮かべるのは、ニューヨークがある島、世界の富が集

中する経済・文化の中心地といった事だろうか。ブロードウェイのミュージカルや自由の女神像を思い浮かべる人もいるだろう。

「マンハッタン計画」について知っている若者はどれくらいいるだろうか。「捕鯨船マンハッタン号」に至っては、ほとんど知られていないだろう。その、知名度が低い「マンハッタン号」の話から始めよう。

1845年、アメリカの捕鯨船マンハッタン号が、遭難して漂流していた日本人漁民22人を救助、浦賀に送り届けてくれた。

右のこの説明文を、ただサラリと読むだけだと「あ、ソウカ」で終わるのだが、読んでいる皆さんには「待てよ」と、ぜひ引っかかってもらいたい。

例えば

1. アレ？　ペリー来航は何時だったっけ
2. アメリカって「反捕鯨国」じゃあなかったっけ
3. 日本人漁民とアメリカ人船員は、何語で意思疎通をしたのだろう
4. 鎖国している日本の港に、外国船が入港したら大砲で撃たれないのか

といったような疑問が湧くようだと、歴史を楽しむ「検定1級」位か？　いやいや「せいぜい10級

だよ」ワイワイガヤガヤ……高校や大学の歴史の授業を、こんな感じにしたくて、筆者（菅野光公先生）は今この本を執筆しているのデス。

答えは1．ペリーが浦賀にやって来た最初は1853年だ。マンハッタン号はその8年前に来た。

2．現在のアメリカは「非捕鯨国」だけど、19世紀には一大捕鯨国だった。

3．何語で話したのか分からない。ボディランゲージか？　想像してみよう

4．マンハッタン号が浦賀沖で砲撃されたのかどうか、分からない。これも想像してみよう。

「撃つな！　という旗を掲げていた」

「日本人漁民が撃つなと合図した」

「日本の侍が、大砲を撃ったけど当たらなかった」

歴史って面白い！　と菅野先生は考えるのだ。先生が本で読んで知っている事だけを書くと、このマンハッタン号の船長クーパーさんと言う方（尊敬してこう呼ぶことにする）は腹の座った方だったんだって。頭も良かったらしい。浦賀で交渉した江戸幕府の役人とも良い関係を作り、救助した漁民を送り届け、見返りに水・食糧・燃料・情報を受け取った。船長と日本の役人は互いにリスペクトしたそうだ。なぜって、船長は日本人の命の恩人だし、役人つまり侍たちの礼儀正しさに船長は感動し

た（はずだ）。

クーパー船長が受け取ったものの中で、一番大切だったのは「情報」だと先生は考えるよ。実は、このクーパー船長がアメリカに帰国した後、あの有名なペリーに会って、日本で見聞きしたことを詳しく説明したのだ。これが「ペリー来航」につながっている。

「マンハッタン計画」を知っているか？　この後に出てくるアメリカの原爆開発計画のことだ。マンハッタン号が日本人漁民を助けてくれたのが１８４５年、原爆開発に成功し日本に落としたのは１９４５年、同じマンハッタンでもえらい違いだ。それも丁度１００年のズレ。皮肉な偶然だと先生は思う。

３　いやーご無沙汰ペリーさん　——１８５３年

ペリー来航に貢献した人がもう一人いる。ジョン・万次郎（中浜万次郎・１８２７〜１８９８）だ。土佐（高知県）の漁師で、１８４１年に海で遭難していた所をアメリカ船に救助され、そのままアメリカに行って教育を受けた。現在なら「渡米した」と言われるのだろうが、万次郎にしてみれば「連行された」と思ったに違いない。時代が万次郎の運命を変えた。後に1851年帰国、数奇な運命をたどりながら翻訳・航海・測量・英語教授として、土佐藩と江戸幕府に仕えた。最後は東大教授……というと不正確だが、興味のある人は伝記や小説で確かめてほしい。

3章2と3に記したクーパー船長やジョン万次郎などが、ペリーの来航をお膳立てし、日本は開国から明治維新へと、時代の大変革を遂げることになる。テレビの大河ドラマ定番であるが、映画・小説・歴史研究・博物館訪問・アニメ・漫画など、歴史の学び方・楽しみ方は色々だ。

筆者（菅野先生）の手元にある、山川の歴史教科書に登場してもらおう。『もう一度読む山川世界史』の「日本の開国」の叙述はこうだ。

《17世紀なかば以来、江戸（徳川）幕府の支配下で鎖国を続けてきた日本も、19世紀なかごろ、世界情勢の変化に応じて開国せざるをえなくなった。幕府は1853年アメリカのペリーが来航して開港を要求すると、翌年日米和親条約、58年には日米修好通商条約を結んで開国し、ほぼ同じ内容の条約をオランダ・ロシア・イギリス・フランスとも結んだ。当時すでに衰退していた江戸幕府はいっそう動揺し、ついに大政奉還をおこない1868年明治政府が成立した（明治維新）。》

100年以上にわたる歴史を、わずか数行で書くのが無理なのだが、右記5行だけ読むと、江戸末期に日本に初めてやって来た外国人（欧米人）は、ペリーだと思い込む若者が多いのも無理はないが、間違っている。3章2に記述したクーパー船長でもない。実は数多くの外国船が鎖国日本にやって来ていたのだ。歴史的に重要だと思われるものを年表形式で記述しておこう。

幕末欧米諸国との外交交渉

1792年　ロシア使節ラックスマン、根室に来航
1804年　〃　レザノフ、長崎に来航
1808年　イギリス艦フェートン号、長崎に侵入
1811年　ロシア人ゴローニン、国後島で捕まる
1818年　イギリス人ゴルドン、浦賀に来航し通商要求
1825年　文政の異国船打払令
1837年　アメリカ船モリソン号、浦賀に来航し通商要求
1845年　〃　マンハッタン号、日本人漁民を救助して浦賀へ
1846年　アメリカ使節ビッドル、浦賀に来航し通商要求
1853年　〃　ペリー、〃　大統領親書提出
1853年　ロシア使節プチャーチン、長崎に来航

1854年　アメリカ使節ペリー、横浜に来航、日米和親条約締結
〃　　江戸幕府、ロシア・イギリスと和親条約締結
1858年　〃　アメリカ・オランダ・ロシア・イギリス・フランスと修好通商条約締結

年表でも明らかなように、ペリー以前にも多くの欧米人が日本にやって来て、開国や貿易を迫ったが、ペリーは「アメリカ大統領の親書」を持参していたので、歴史に名を残すような重要な交渉に成功したのだろう。もう一つ、事前にマンハッタン号のクーパー船長から入手していた「日本の情報」が決定的だったことも疑う余地がない。

日本の教科書には書かれていないが、ペリーは琉球国（現在の沖縄県）にも立ち寄り、正式な国交交渉をしている。琉球国を独立国だと認識していたからだろう。

明治時代に入ってから、日本政府は「琉球処分」と称して、琉球国を沖縄県として併合した。1945年には、日本の敗戦に伴い沖縄など多くの島嶼《とうしょ》部が、アメリカの施政権のもとに置かれた。沖縄県だけは1972年まで施政権返還が行われず、返還後も米軍基地は残り今でも拡張・新設が続いている。こうした沖縄の現状は、今日の日本における最重要課題の一つである。大学生には深く考察してもらいたい。沖縄問題は、日米問題である。

筆者が高校生の時には、受験用に「いやーご無沙汰ペリーさん」と、1853年のペリー来航年号を機械的に暗記したものだが、こんな方法では歴史の面白さが分かる筈がない。受験勉強や、政府・受験産業が使う「偏差値」などというものは、若者の貴重な青春の時間を無味乾燥なものにして、人間的成長に不可欠な教養修得を妨害するものだ。

4　日露戦争の調停者アメリカ　――1905年

1902年、日本とイギリスは日英同盟によってロシアに対抗、アメリカもこれを支持した。ロシアはフランス・ドイツに接近、こうして極東進出をめぐって日露戦争（1904～1905）が勃発、日本は中国東北部や日本海海戦で勝利をおさめたが、戦力から見た実態は「引き分けに近い日本の判定勝ち」だった。1905年9月、アメリカのポーツマスで日露戦争終結のための「ポーツマス条約」が締結された。調停してくれたのはアメリカである。

このような、政府による協調的対米外交活動の成果で、20世紀最初の頃の、約20年間は日米関係が良好だった。同時に民間の草の根交流活動が盛んに行われ、尾崎行雄やギューリック牧師、渋沢栄一などの尽力で、花や人形交換など特筆すべき歴史的成果が残された。暗雲が垂れ込め始めたのは、1924年にアメリカで「排日移民法（日本人の移民を排除）」が成立した頃からである。（第2章1）

5 日米開戦まで（ABCD包囲網・マンハッタン計画・真珠湾攻撃）——〜1941年

第1章1に《1912（明治45）年、当時東京市長だった尾崎行雄が、アメリカの首都ワシントンに、再度無病の桜をプレゼントした。》と記した。この後、1915年にはアメリカから返礼のハナミズキを貰うなど、1910年代はまさに日米蜜月時代・絶頂期だったと言っても良いだろう。日米関係に暗雲が垂れ込め始めたのは、アメリカが不景気に見舞われ始めた1920年代からである。

1929年10月、ニューヨークのウォール街で株価が大暴落、この「暗黒の木曜日」を発端として、大恐慌が世界の全資本主義国を襲った。大恐慌を象徴する、こんなアメリカの小話がある。

炭鉱の閉鎖で失業中の父親に、子供が聞いた。

「トウチャン、寒いよお。何で家にはストーブ用の石炭が無いの？」

「石炭を買うお金が無いからだよ」

「何でお金が無いの？」

「トウチャンが働いていた炭鉱が、不景気でつぶれたからだよ」

「何で不景気になるの？」

「石炭を掘り過ぎて、石炭が余ってるからさ」

「余ってるのなら、トウチャンがタダで貰って来ればいいじゃん」

「タダでくれる人なんか、どこにも居やしないサ」

「何で、貧乏人は金持ちになれないの？」

「……」


アメリカン・ドリームの国でも、こんな会話が交わされた時期があったようだ。資本主義システムが本源的に抱えている、「過剰生産恐慌」「無政府的生産」「貧富の格差」等の諸問題が、父と子の素朴な会話でリアルに語られている。

日本では、大正から昭和への移行期で、関東大震災（１９２３）・金融恐慌（１９２７）・世界恐慌（１９２９）・昭和恐慌（１９３０）・農業恐慌（１９３１）と長い経済恐慌の時代が続いていた。

１９３０年代の、日米両国における恐慌対策は、日本が軍事的・帝国主義的拡張による市場拡大を図ったのに対して、アメリカはニューディール政策など内需拡大型経済政策を重視した。本章3でも引用した山川出版社の、『もういちど読む山川世界史』には、次のように記載されている。

《米・英の恐慌対策

アメリカは恐慌によって、工業生産は約半分におち、失業者は1000万人をこえた。1933年大統領に就任した民主党のフランクリン・ローズヴェルト（ルーズヴェルト、任1933〜45）は、ニューディール政策の実施を宣言した。それは政府が経済に積極的に介入し、生産の調整・公共投資・農産物価格の引上げなどをおこなって恐慌を克服しようとするもので、一方で政府の統制により独占資本は強化されたが、他方、民主政治の基盤である「草の根」（グラスルーツ）を重視し、労働組合の発展をたすけるなど諸階級の利益を調整しながら恐慌対策を進めた点に大きな特色がある。対外的には、ラテンアメリカ各地から軍隊をひきあげ、内政干渉をひかえて、「善隣外交」を展開し、またソ連と国交をひらき、外交をつうじて貿易の拡大をはかった。》

《日中戦争

他方、日本では1936年の二・二六事件以来、軍部の勢力がますます強まり、政治や社会の全体主義化が進んだ。対外的にも、36年日独防共協定を結びドイツ・イタリア枢軸国との提携を強めた。すでに華北の支配をはかっていた日本は、37年7月北京郊外で日中両国軍が衝突した盧溝橋事件が

おこると、宣戦布告なしに全中国に戦線を拡大し（日中戦争）、上海・南京・武漢などのおもな都市を占領した。》

筆者は、約58年振りに高校世界史教科書を読み、日米の政治・軍事・経済政策を対比する作業を行ってみた。75歳になった今気付いたことは、高校生の頃の自分には日米を俯瞰《ふかん》的に対比する視野が欠落しており、歴史的関連を洞察する力も無かったということだ。未熟かつ無味乾燥な歴史の学び方になった最大要因は、受験勉強のために渋々歴史を勉強していた事であろう。加えて我が高校での歴史授業は、明治時代あたりで終わっていたことを思い出す。教師から〝近現代史の面白さ〟を学ぶチャンスを逸していたのだ。本来歴史を学ぶことは、血沸き肉躍るものであるはずだ。

「日米開戦まで」の叙述に戻ろう。

第1次世界大戦後、1920年に国際連盟が設立された。日本は当初から常任理事国に就任、一方アメリカは加盟せず、ドイツやソ連は排除された。1933年には、日本が国際連盟から脱退、満州事変（1931）、日中戦争（1937）、日独伊防共協定（1937）、日本軍北部仏印（現在のベトナムあたり）進駐（1940）、と軍事展開した。日本に対しては、ABCD包囲網が敷かれた。米英中オランダによる、石油禁輸などの経済制裁である。日本の国際的孤立が進行した。（A：米　B：

表　パールハーバー攻撃までの日米の動き（日時はそれぞれの現地時間）

日時	ハワイ	日時	東京	日時	ワシントン
1941年		1941年		1941年	
		7/25	日本陸軍、南部仏印進攻	7/26	日本の対米資産凍結
				8/1	石油の対日輸出禁止
		12/1	対米英蘭開戦決定		
		12/2	連合艦隊に作戦命令発信		
				12/6	駐米日本大使館に厳秘電報13通着信
		12/7 10時	ルーズベルト大統領から天皇宛の親電着信	12/6 21時	ルーズベルト大統領から天皇宛の親電発信
		12/7 22時	同上親電、駐日米大使館に配達（参謀本部により意図的に遅配）	12/7 朝	14通目の厳秘電報着信
		12/8 0時過	同上親電東郷外相に手交	12/7 11:30	14通目の電文暗号解読
		12/8 2時過	同上親電皇居へ	12/7 13時	米政府への上記電報手交指示時刻
12/7 7:55	パール・ハーバー攻撃開始 ↔	12/8 3:25	←→	12/7 13:25	
12/7 8:50（日）	←→	12/8 4:20	←→	12/7 14:20	野村大使よりハル国務長官に上記電報手交。内容は「日米交渉の打ち切り通告」

⑴ハワイの12月7日朝7時55分は、東京の12月8日未明3時25分でワシントンの12月7日午後１時25分。
⑵通告文が渡されたワシントン時間12月7日午後2時20分は、ハワイ時間同日朝8時50分。

英　C：中国　D：オランダ）

　1941年12月7日（日曜）、日本軍はアメリカ・ハワイのオアフ島パール・ハーバーに奇襲攻撃を仕掛けた。日米戦争（太平洋戦争）への突入である。奇襲攻撃開始は、ハワイの朝7時55分、日本時間では12月8日午前3時25分ということになる。

　この奇襲は、日本海軍司令長官山本五十六の発案によるもので、1941年12月1日御前会議で正式決定された。機密保持のため、この開戦決定はワシントンの日本大使館にも一切連絡されなかった。12月6日から7日の朝にかけて、日本政府からワシントンの日本大使館宛に14通の暗号電報が打電され、この14通目が日米交渉の打ち切りを通告するものであった。この暗号電文解読作業は7日午前11時半頃に完了したが、その後のタイプによる清書に時間を空費し、タイプ終了が13時

50分、駐米日本大使野村吉三郎が米国務長官コーデル・ハルに電文を手交したのは14時20分であった。東京の本国政府からの手交指示時刻に遅れること1時間20分、パール・ハーバー奇襲攻撃開始から1時間近く経過した後だった。（表）

日本側から見ればこの攻撃は成功し、米戦艦アリゾナなど5隻が撃沈された他、米軍人２２７５人、米民間人68人が死亡した。アメリカ側にしてみれば、これは騙し討ちであり、Remember Pearl Harbor! のスローガンのもと、米国人の戦意が一気に高揚したのは周知のとおりである。

この後4年弱にわたって、日米両軍は太平洋で激闘を重ねたが、１９４５年9月日本の降伏により太平洋戦争は幕を閉じた。

１９９１年12月6日、当時筆者が客員研究員として在籍していた、ワシントンの未来資源研究所での昼食会の時のことだ。筆者の隣に座っていた同僚のジョーが「日本軍によるパール・ハーバー攻撃をどう考えるか」と聞いてきた。パール・ハーバー記念日前日なので、自然な話題であり、普通の質問である。昼食会参加者は約20人で、日本人は筆者を含めて2人、他はすべてアメリカ人だった。ジョーとは日頃から親しくしており、この日の質問には悪意は無かった。それまでみんなは、五つ位の小グループでワイワイ雑談していたのだが、ジョーと筆者とのやり取りが始まると、少し静かになった。

「もちろんあの奇襲はアンフェアだと思う」

アンフェアという言葉は、不公平や不正、ずるい、卑怯などかなり幅広いニュアンスで使われるようだが、この時の筆者は卑怯だという気持ちを込めてアンフェアを使った。宣戦布告なしの攻撃であったばかりか、遅れて渡された通告文書には、武力行使について全く言及されていなかったのだから、弁解のしようが無い。

ジョーからの質問に、アンフェアだと思うと答えたことで、クエスチョン・アンド・アンサーは完結し、次の別の話題に移る（逃げる）ことも可能な雰囲気だった。だが筆者は続けた。

「もしも当時の日本国民の多くが、日本軍のアジア侵略や、日米開戦に反対してきちんと意思表示していたら、パール・ハーバー奇襲はなかっただろう。原爆投下も避けられたかもしれない。けれども事実はその逆だった。その結果、私の母はアメリカ軍の爆撃で右腕に重傷を負ったし、妻の父母と祖母は広島で被爆した」。すっかりシーンとしてしまった。

「当時戦争に賛成していたのかと、ある日、私は母に聞いたことがある。母は、戦争は嫌だったがそれを口に出せる時代じゃなかったと言い訳をした。一市民として明確な意思表示をしなかった以上、母たちにも少しは戦争責任があるのではないか。すべては個々人が意見を述べることから始まる」。

筆者の英語力ではこれが限界だった。背中が少し汗ばんでいた。当時述べた内容は、必ずしも思いを十分に伝えたものではなかったが、言って良かったと思っている。同席のアメリカ人達が、理解を深めてくれただろうと考えるからだ。

アメリカ人は概して議論好きであり、論争慣れしている。子供のころから学校で、プレゼンテーションやディベート訓練を重ねているし、社会の動きや政治問題に関心の高い国民が日本人より多いように見受けられる。

日本人大学生諸君が海外留学した場合、あるいは就職後に海外出張や海外駐在を経験する時、その国の人々から様々な質問をされるだろう。ストレートで遠慮のない聞き方をするのは、アメリカ人に限ったことではない。「質問されたくない」と消極的に構えるのでなく、「よくぞ聞いてくれた」と受け止められるように、特に歴史と日本文化をしっかり勉強しておくべきだ。やるのは学生（若い）時代の、今だ!!

筆者の教員生活における晩年、太平洋戦争について講義していた時に、「先生それは間違いです」「エッ?」「真珠湾攻撃は、昭和16年12月8日です」と、立ち上がって発言した学生がいた。筆者は常々、授業中のこのような学生の発言や質問を認めている。むしろ高く評価している。

「君が、12月7日ではなく8日だと言う根拠は?」

「当時の日本軍の正式発表が12月8日だからです」

「日本時間では12月8日だが、ハワイの現地時間では12月7日なのだよ。世界史を記述する場合、事件発生地の日時を使用するのが正しいのだよ」

「いえ、僕の中では真珠湾攻撃成功は、絶対に12月8日なのです」

「君がこだわる、日本の12月8日早朝3時25分は、ハワイでは何曜日か知っているか?」

「……………」

「日曜日だ。日曜朝7時55分。クリスチャンなら、礼拝に出かける準備中だろう」

「日本人は日曜礼拝しません」

「論点がずれている」

「ずらしたのは先生です」………

敗戦の原因は何か、いやその前に日本が戦争へとのめり込んだ理由は何だったのか。学生諸君に深く考えてもらいたい。「世界」を考える時には、地球儀の視点が必須だ。「僕の中では」という視野狭窄な発想が、現代学生にどれくらい蔓延しているのだろうか。

これらの問題意識で、筆者は第3章5を書いた。

6 日本の敗戦処理と戦後支配構想 ——1945年~

2016年9月に、立命館大学の藤岡惇先生が力作『原爆投下と敗戦の真実』(立命館経済学第65

巻（2016年）を発表された。筆者にとって、示唆に富み学ぶところの多い研究成果である。「平和学」と「憲法学」との視点から、筆者なりに考察してみたい。

先ず、1945年という年に起こった主要事件を、年表で概観しておこう。

1945
2　ヤルタ会談（F・ルーズベルト、チャーチル、スターリン）
3・10　東京大空襲（約8万3000人死亡）
4・30　ヒットラー自殺
5・7　ドイツ無条件降伏
5・14　名古屋城焼失・落城
6・22　沖縄地上戦終結（約25万人死亡）
7・26　ポツダム宣言日本に通告
7・28　日本政府「ポツダム宣言を黙殺（reject）する」談話発表
8・6　米、ヒロシマに砲身型ウラニウム原子爆弾投下（約14万人死亡）
8・9　ソ連、日本に宣戦布告。満州への侵攻開始
8・9　米、ナガサキに爆縮型プルトニウム原子爆弾投下（約7万人死亡）

8・14　ポツダム宣言受諾決定
8・15　昭和天皇、戦争終結の詔書をラジオで放送
9・2　米艦ミズーリ号で降伏文書に調印

次に、1946年の「新憲法制定」への流れを、年表で確認しておこう。

1946
2・1　毎日新聞、「松本委員会日本国憲法試案」をスクープ報道
2・8　日本政府、憲法改正要綱をGHQに提出
2・13　GHQ、憲法草案を提示
2・26　幣原喜重郎内閣、GHQ草案受け入れを閣議決定
3・6　幣原内閣、憲法改正草案要綱を公表
4・10　戦後初の総選挙（女性参政権初実施）
4・15　幣原、昭和天皇に新憲法草案を奏上
10・29　昭和天皇、憲法改正を裁可
11・3　日本国憲法公布

「まえがき」に本書の目的を書いた。筆者は、現代日本の若者が常識としての世界近現代史について、著しく無知である旨述べた上で、若者に歴史を教える場合には信念や思想も、あわせて継承せねばなどと偉そうに記しているが、我ながら赤面ものだ。前記の1945~46年主要事件だけを見ても、我が知識がいかにあやふやであるか、今回執筆しながら自覚した。ここは気を取り直して、先行研究を頼りに謙虚に筆を進めることにする。

多くの1945年年表には、5月14日名古屋城焼失・落城は記されていない。なぜこれを取り上げたのかを述べることから始めたい。

筆者は1945年に生まれた。だから、日本が敗戦を迎えたこの年の出来事を目撃した訳ではない。先に記した1945年の主要事件については、おおむね中学・高校教育で学んだ。

但し「名古屋城焼失・落城」だけは、2014年に名古屋学院大学教授として赴任して初めて知った。市民有志の寄付で設立された「ピースあいち」（名古屋市名東区、2007年設立）の展示と、中日新聞の報道のおかげだ。名古屋城落城（焼失）の写真を最初に見たとき、私の心と脳裡に鮮烈に浮かんだのは「この落城を格好の理由付けにして、日本は戦争に終止符を打つべきだったのに……」という強いインスピレーションだった。日独伊軍事同盟を組んだイタリアもドイツもすでに降伏し、日本の戦況は泥沼状態、国民の厭戦気分はピークに達していた。1945年5月という時期は、日本が敗戦を認めるタイミングを即刻決断すべき局面だった。そんな時の名古屋城落城、白旗を挙げるための最高の事件だと、誰が考えても判断出来たはずなのに……。戦国時代には、本丸落城は負け戦の象徴だったのだから。すっかり劇画の主人公になった気分で、私は写真の前に立ちすくみながら夢想していたのだ。そして劇画の世界から我に返って、同年6月沖縄、8月広島・長崎で戦死させられた人々に思いをはせた。死者数は合計50万人近い。その多くが、子供・女性・一般市民など非戦闘員だ。重軽傷者や、家族・友人を亡くした人々の数を合わせると、6月〜8月の戦争被災者は一体何人になるのだろうか。戦争は始めるべきでなかった。止めるなら5月だった。この思いが、年表に5月14日の名古屋城落城を入れた理由である。

そろそろ「入門テキスト」の叙述に戻ろう。

残念ながら、１９４５年5月には日米戦争は終結していない。日本だけが見通しの無い抵抗を続け、決断をグズグズ先送りしていたからである。時代は明治憲法（大日本帝国憲法）下であり、国の統治と軍隊の最高指揮官は昭和天皇、時の内閣総理大臣は鈴木貫太郎（在位 １９４５年4月〜8月）だった。2月14日に元総理近衛文麿が、天皇に上奏文を奉呈（提出）それには「敗戦は遺憾ながら最早必至なりと存候。（中略）敗戦は我が国体の瑕瑾《きず》たるべきも、英米の輿論は今日までの所国体の変革とまでは進み居らず、（中略）随て敗戦だけならば国体上はさまで憂うる要なしと存候。国体の護持の建前より最も憂うるべきは……」と書かれている。この上奏文は長文でここには一部のみ引用したが、この短い引用部分だけでも『国体』という単語が4回も使用されている。若い読者向けに蛇足ながら注釈するが、国体とは天皇制のことだ。敗戦処理についての近衛上奏文を通読したが、「国民」「婦女子」「非戦闘員の死」等の用語は一度も登場していない。つまり、当時の国家首脳達は国体護持以外には、何も考えていなかったのだと断定せざるを得ない。

1945年3月10日、東京大空襲での死者はおよそ12万人、全焼家屋27万戸、その大部分は浅草など下町に集中していた。天皇は、宮殿内の御文庫地下防空室に避難していたようだが、皇居は空襲の標的ではなかった。日本への戦略爆撃指揮官であったルメイ将軍が、B29の全飛行士に対して、皇居への爆撃を避けるよう命令していたという。首都が文字通り灰燼に帰した惨状を目の当たりにして、これ以上の国民の死を回避することを考えず、国体護持を最優先にした明治憲法下の国家首脳達の罪は大きい。ポツダム宣言受諾前後の、首脳達のやり取りでそれが露呈するが、詳細は後述する。

1945年3月26日、米軍が沖縄慶良間諸島に上陸、日本軍の戦力は手薄で沖縄の住民が戦闘に巻き込まれ、盾にされたり道連れにされたりした。6月22日の終結まで、「日本本土からの援軍は無かった」との証言も残っている。死者約26万人（内アメリカ側約1万人）。

7月26日ポツダム宣言が日本に通告された。7月16日、米軍はニューメキシコ州アラモ・ゴードで世界初の原爆実験（マンハッタン計画）を成功させ、7月17日からドイツでポツダム会議開幕、26日に宣言を発し8月2日に会議は閉幕した。なお、7月25日にポツダム滞在中のトルーマン米大統領は、原爆投下命令書に署名している。日本政府は7月28日「ポツダム宣言を黙殺する」との談話を発表、筆者はこの談話が日本語のみで出されたと推定しているが、外交上は相手言語に訳しておくべきだったろう。ポツダム宣言発出国は、米英中である。連合国側の通信社は「黙殺する」という日本語を「拒否する」というニュアンスを含む"REJECT"に置き換えて配信し、ニューヨーク・タイムスは、7月28日付けで日本はポツダム宣言を"REJECT"したと報じた（藤岡教授）。

8月に入った。戦況は米英中など連合国側が用意した舞台装置通りに展開する。アメリカは8月6日にウラニウム235を用いた砲身型原爆を、広島の住宅街の上空で爆発させ、3日後の8月9日にはプルトニウム239を用いた爆縮型原爆を、長崎の住宅街の上空で爆発させた。3発目の原爆投下目標地が京都だったという事は、日本の教科書等で、もっと広く教えられるべきだ。

漫画家の中沢啓治は、8月6日の広島における投下前後の状況を、自身の体験に基づいて次のように記している。

「あれは、よう晴れた暑い日じゃった。朝早うに空襲警報が1回出たが、7時半頃解除になった。8時頃からみんな外へ出た。子供らは学校に向かい、勤め人は通勤しだした。その時じゃった。ピカッ……ドーン　子供じゃったわしは、たまたまコンクリート塀の陰に居った。爆風で街路樹が倒れ、その街路樹に厚いコンクリート塀が重なり、その隙間に居ったおかげで、わしは熱線の直撃を受けずに済んだんじゃが、日なたに居った人はみな大やけど……服は燃えて肌はズルムケ……みんなお化けになってしもうた。後で聞いたんじゃが、空襲警報がすぐに解除されたのも、人が外にようけ出たとこへピカを落としたのも、全部アメリカの作戦じゃいうことじゃった。人間が被爆したらどうなるんか、それを調査するのも原爆投下の目的じゃったんじゃと。ほんに酷い事をしゃあがった。わしゃあ絶対許さん」（一部要約）

8月9日の最初の目標地は小倉市（北九州市小倉区）の小倉陸軍造兵廠であった。広島への投下と同様に通勤時間帯にあわせて、午前8時過ぎに爆縮型プルトニウム原爆を搭載したボックスカー機が、小倉市の上空に飛来し、3度にわたり原爆の投下を試みた。しかし前日に隣の八幡製鉄所に対して米軍が敢行した空襲のため、煙霧が小倉市にも流れ込み上空を覆い隠していた。そのため目標地点を視認できず、目標地を長崎市に変更せざるを得なかった。午前11時2分に原爆が投下された。

被爆当時10歳だった歌手の美輪明宏はこう述べている。

「11時少し過ぎでした。私は夏休みの絵の宿題を描いていました。描き上げて、机に立てかけ、出来映えを見ようと椅子から降りて、立ったとたんにピカッとし空は真っ青だったので、『え？こんなにいい天気に雷？』と。そう思うか思わないかくらいで、次はどかーん！と地震みたいな衝撃が来た。目の前のガラスが一瞬で『ぴっ！』と飛んだんです。何が起きたのかわからない。で、その後に、ものすごい爆音が聞こえたんです。B29が逃げていく音。敵もさるものでね。不意打ちするためにエンジン止めて来てたんですよ。」飛行機がエンジンを完全に止めていたかどうかまでは即断できないが、低速で忍び寄り、原爆投下後は全速力で爆心地から離脱しようとしたのは間違いないだろう。

ソ連の参戦

日本時間の8月9日午前0時、ソビエト連邦（現在のロシア＋周辺国）が日本に対して宣戦布告、極東に集結していた150万人のソ連軍が満州への侵攻を開始した。

少し長くなるが、立命館大学の藤岡惇先生の力作『原爆投下と敗戦の真実』（立命館経済学第65巻2016年、p.29～p.30）、を引用する。

《米国による原爆投下の動きを察知していたソ連は、ポツダム会談時に約束していた対日開戦予定日（8月15日）をさらに6日繰り上げ、8月9日午前0時（日本時間）を期して日本にたいして宣戦を布告し、極東に集結していた150万人のソ連軍が満州（中国東北部）への侵攻を開始した。長崎への原爆投下の11時間前のことだった。

日本の天皇制政府にとっては、原爆攻撃の衝撃よりも、ソ連侵攻の衝撃のほうが、はるかに強烈であったようだ。関東軍の主力は、すでに南方の戦場に駆り出されていた。満州防衛軍の実体というのは、もはや「もぬけの殻」に近く、ソ連が侵攻を開始すると、満州から朝鮮半島一帯の日本の支配機構は総崩れとなることを、天皇制エリートたちは知っていたからである。

ソ連侵攻のニュースとともに、天皇をとりまく重臣たちの間で、「徹底抗戦派を切り捨て、米国との早期講和をはかれ」という動きが強まった。なぜなら降伏が遅れれば遅れるほど、米軍ではなくソ連軍の方が、防備の手薄な北方から北海道・本土に上陸し、天皇制は打倒され、日本は「赤化」してしまうだろう。降伏が避けられないばあい、ソ連軍ではなく、米国軍に降伏する方がましだというのが彼らの考え方であった。

8月9日午前10時半から10日未明にかけて、「ポツダム宣言を受諾すべきか」という論点をめぐって天皇臨席のもとで「最高戦争指導会議構成員会議」（いわゆる「御前会議」）が断続的に開かれた。会議を蔽っていたのは、2発の原爆投下の影ではなかった。そうではなくソ連侵攻の影が、他を圧倒していた。

全員がポツダム宣言を条件付きで受諾するという点では一致した。ただしどのような条件を付するのかをめぐって紛糾した。①「国体護持」の中核は天皇制の存置にあり、現皇統下の皇室の安泰の保障だけでよいとするグループは「最小限」派（東郷外相、鈴木首相、米内海軍大臣）を形作った。これにたいして、①だけでは不十分であり、②自発的武装解除、③戦争責任者の自国処置、④占領は最小限に留めるという3項目を付け足し、「国体の最大限護持」の言質をとれとする「最大限」派（阿南陸軍大臣、梅津陸軍参謀総長、豊田海軍軍令部総長）との間で、論争が行われた。「天皇制存置のみとおしがあれば、ポツダム宣言の受諾やむなし」という天皇の最初の「聖断」をうけて、両派は妥協し、日本政府は8月10日、「天皇の国家統治の大権を変更するとの要求を包含し居らざることの了解の下に」ポツダム宣言を受諾するという回答を作成した。「天皇の国家統治の大権」の存続を条件とするという文言のなかに、「天皇制の存置」と「国体の護持」という2つの要求を含ませることで、「最大限」派の主張に配慮する工夫がなされていた。

ただし「最小限」派の主張を支持した天皇の「第一の聖断」の影響は甚大であった。その後の「御前会議」の議論は、「国体護持」の言質よりも、「天皇制の存置」「皇室の安泰」の保証があるかどうかに絞られていく。

日本側の回答は、外交関係を維持していたスイスとスウェーデン政府を介して、米国側に伝達された。「ポツダム宣言を日本が受諾」というニュースがモスクワ放送を介して広がったため、抗日戦争中の中国はじめ世界各地では祝賀ムードに沸きかえったが、これは早とちりであった。「天皇の国家統治の大権を変更するとの要求を包含し居らざることの了解の下に」という「条件」が付いている限り、「無条件降伏を意味しない」とソ連は判断し、満州侵攻作戦を続行した。

原爆の戦時使用という実験を行い、その威力を世界に誇示した後に、日本の降伏を「遅らせる」から「早める」方向へと、米国の対日戦略が劇的に転換する。ソ連軍が中国東北部から朝鮮半島を占領する前に日本を降伏させることが、米国側の緊急課題となったからだ。放置しておいては、日本を降伏に追い込んだ最大の功労者はソ連であるという評価を生み出すだろう。戦後の東アジア世界におけるソ連の発言力を高める結果となる。

それは何としても避けたい。こうしてソ連参戦による「日本赤化」の恐怖をムチとして借用しつつ、「天皇制存置」保証をアメとして使うことで、日本を降伏に導いていく「アメとムチの組み合わせ」作戦が浮上する。》(引用終り)

こうして、米国主導の「アメとムチ」戦争終結戦略が構築され、その布石が着々と打たれていった。8月14日、日本はポツダム宣言を受諾、その旨を裕仁天皇が自らの声をレコード盤に録音し、天皇による「玉音放送」が8月15日正午、ラジオで日本全国に放送された。この8月15日を敗戦・終戦記念日と思い込んでいる向きが多いようであるが、国際法上は9月2日の、米戦艦ミズーリ号上での調印によって日本の敗戦が法的に確定したのである。

7　戦後の東西冷戦構造　――1945年～1960年

第2次世界大戦は、1945年9月に日本が降伏・同年5月ドイツ降伏、その前の1943年9月イタリア降伏を大きな節目として終結した。1945年10月には、国際連合が成立して平和外交の仕組みが構築されたが、連合国側が自由主義陣営と社会主義陣営に分かれたため、戦後の国際秩序は「東西冷戦」体制となった。米英仏などを中心とする西側陣営と、ソビエト連邦（ソ連）傘下の東側陣営とが、厳しく対峙する構図となったのである。

日本は、アメリカによる単独支配下に置かれた。米英仏ソの4か国によって国家も首都ベルリンも分割統治されたドイツは、冷戦終結により1990年に国家統一を回復するまで、長い分断状態に置かれた。

アジアにも東西冷戦構造が反映、朝鮮半島は、1945年米ソにより分割占領され北緯38度線を境界とした。この分断状態は朝鮮戦争を経て、21世紀の今日まで続いている。

ベトナムは、フランス・アメリカの干渉で南北に分断され、ベトナム戦争という大きな犠牲を強いられたが、1976年完全統一を達成、ベトナム社会主義共和国となった。

世界大戦終結後の15年間の記述は、若い読者達を意識してシンプルな年表形式とする。

1945　　国際連合成立

1946 GHQ（連合国軍最高司令官総司令部）東京日比谷で執務開始
〃 財閥解体・農地改革・婦人参政権・労働組合法公布
〃 ベトナム民主共和国（北）独立宣言
日本国憲法公布（11月）
1947 〃 施行（5月）
1948 大韓民国、朝鮮民主主義人民共和国成立
1949 ドイツ連邦共和国（西独）、ドイツ民主共和国（東独）成立
中華人民共和国成立、ベトナム国（南）独立
1950 朝鮮戦争勃発、マッカーサー日本に警察予備隊創設を指令
1951 サンフランシスコ対日講和条約調印、日米安全保障条約調印
1952 日米行政協定調印
1953 朝鮮休戦協定調印（米中北朝鮮が署名、韓国は署名拒否）
1954 第五福竜丸ビキニの米国水爆実験で被曝。日本に自衛隊発足
1955 第1回原水爆禁止世界大会広島大会開催
1956 日ソ国交回復共同宣言調印、日本国際連合に加盟
1957 欧州経済共同体（EEC）創設決定

1958　皇太子明仁親王と正田美智子（皇族以外）が婚約
1959　キューバ革命政府樹立
1960　日米新安保条約調印・反対デモにより国会混乱の中自然成立、樺美智子死亡

8　朝鮮戦争、ベトナム戦争、イラク戦争
――1950年〜2011年

第2次世界大戦は、一説に6000万人〜8500万人の犠牲者（死者）を出したとされるが、筆者は関連死・統計漏れ等を加えると、優に1億人以上が非業の死を強制されたと考えている。20世紀前半は『2度にわたる世界大戦の世紀』だった。にもかかわらず人類（好戦国）は戦争を止めず、20世紀後半にもこの愚行は継続された。ここでは、朝戦戦争・ベトナム戦争・イラク戦争の3つについて、そのあらましを見ておこう。

戦後の極東情勢

1945年8月のソ連による極東戦線への参戦は、日本の降伏のみならず朝鮮半島の戦後史に重大

な影響を及ぼした。満州（中国東北部）や朝鮮半島に居住していた日本の民間人は、事実上祖国から棄てられて「棄民」となり、一部が這這の体で19世紀以前の日本領土に「引き揚げ」た。

植民地状態から解放された朝鮮半島は、1945年8月ソ連軍・アメリカ軍が分割占領し、北緯38度線を境界とした。

1948年、朝鮮半島には大韓民国（大統領：李承晩）と、朝鮮民主主義人民共和国（首相：金日成）とが、相次いで成立した。翌1949年には、中華人民共和国（主席：毛沢東）が成立、この中国共産党（毛沢東軍）との内戦に敗れた国民党政権（総統：蒋介石）は、1949年12月台湾に移った。アジア極東に相次いだ歴史的大政治変革である。

日本は、アメリカに単独占領され、完全に武装解除された。1946年2月にGHQから示された「日本国憲法草案」9条には、①戦争放棄②軍隊不保持が明記されており、これを受けて日本政府は、1946年4月の総選挙を経て同年11月憲法公布、1947年5月憲法施行へと手順を踏んだ。こうした、新憲法制定手続きを「アメリカからの押しつけ」とする、右派・保守派も存在するが、筆者はこの「9条」の理念と、憲法制定手続きを支持する。1946年4月の総選挙は、日本女性が初めて選挙権を得、歴史上初の女性国会議員が誕生したからだ。

1946年の「新憲法制定」への流れを、もう一度年表で確認しておこう。

1946・　2・1　毎日新聞、「松本委員会日本国憲法試案」をスクープ報道

2・8　日本政府、憲法改正要綱をGHQに提出
2・13　GHQ、憲法草案を提示
2・26　幣原喜重郎内閣、GHQ草案受け入れを閣議決定
3・6　幣原内閣、憲法改正草案要綱を公表
4・10　戦後初の総選挙（女性参政権初実施）
4・15　幣原、昭和天皇に新憲法草案を奏上（説明）
10・29　昭和天皇、憲法改正を裁可（承認）
11・3　日本国憲法公布
1947・5・3　〃　施行

朝鮮戦争

1950年6月、北朝鮮軍が38度線を突破して南進、朝鮮戦争が勃発した。当初は北朝鮮軍が優勢で、3か月後には韓国軍を半島最南端の大邱《テグ》・釜山《プサン》周辺にまで追い詰めた。反転攻勢に出た国連軍（アメリカ軍等）は38度線を突破して北進、1950年10月には中国国境にまで進攻して巻き返した。

この朝鮮戦争を目の当たりにして慌てたGHQは、日本に対して1950年7月再軍備を指令してきた。1945年の武装解除命令や、1946年の日本国憲法第9条案提示から、わずか5年ほどし

か経過しておらず、理不尽なご都合主義である。当時の総理大臣吉田茂の、マッカーサーに対する第一声は、「それ(再軍備)は出来ない。野党の説得も無理だ」というものだったと言う。結局マッカーサーに押し切られて、以後日本では〝解釈改憲〟がまかり通る異常事態が約70年継続している。憲法の規定で禁止されている「軍隊」を、「解釈というマジック」によって保持しているのだ。更に2015年には、従来の政府公式見解さえも無視して、自衛隊が集団的自衛権に基づく海外戦闘を可能とする「安保関連法」が強行採決された。

朝鮮戦争に戻ろう。

1950・6　朝鮮戦争勃発、北朝鮮軍大邱・釜山まで南進
1950・7　GHQマッカーサー、日本に警察予備隊創設を指令
1950・10　国連軍、北朝鮮・中国国境まで反転攻勢
1950・10　中国義勇軍、鴨緑江《おうりょくこう》を越えて朝鮮戦線に出動
1951・1　北朝鮮・中国義勇軍、38度線を越えて南下。ソウル占領
1951・3　国連軍、ソウル奪回
1953・7　朝鮮休戦協定が板門店《パンムンジョム》で調印

1953年7月の休戦協定の締結により戦闘は終了したが、東西冷戦下の複雑かつ緊迫した国際政

治軍事情勢の下、大韓民国と朝鮮民主主義人民共和国間の平和条約は締結されないまま、今日に至っている。

朝鮮戦争によって大きな軍事需要が発生し、日本は国連軍の補給・出撃基地となった。兵器・自動車等の軍事物資や、鉄鋼・機械・電気機器等が売り上げを伸ばし、鉄道・船舶による運輸部門も好景気に沸きかえった。朝鮮戦争がもたらした「戦争特需」である。

休戦協定締結から65年経過した2018年4月27日、韓国の文在寅《ムンジェイン》大統領と北朝鮮の金正恩《キムジョンウン》委員長が、板門店で初めて会談し、「2018年内に朝鮮戦争の終戦宣言をし、休戦協定を平和協定に転換するための会談を推進する」等を内容とする共同宣言に署名した。2018年以降、アメリカと北朝鮮の首脳会談が重ねられたが、見るべき成果が無いままである。日本政府の外交姿勢は独立国としての矜持あるものでは無く、相変わらずアメリカ追随のままだ。日韓北朝鮮及び台湾・沖縄周辺など極東の、安全保障・平和構築のイニシャティヴを執るべきは、日本である。

ベトナム戦争

19世紀末、インドシナ半島東部はフランス領インドシナ連邦として、フランスの植民地であった。

1940年9月日本軍が進駐したが、日本の敗戦を機にベトナム独立同盟（ベトミン）が、1945年9月ベトナム民主共和国の独立を宣言した。フランスはこれに軍事介入、1946年から54年までインドシナ戦争が展開された。ベトミンは1954年5月のディエンビエンフーの戦闘に勝利、7月の「ジュネーヴ休戦協定」によって北緯17度線以北に、ベトミンが支配するベトナム民主共和国が誕生した。

フランスに代わってベトナム支配の野望を抱いたアメリカは、1955年10月、17度線以南に傀儡政権のベトナム共和国を作ってテコ入れを図った。この傀儡政権に反発するベトナム人民によって、「南ベトナム解放民族戦線」が結成され抵抗運動が繰り広げられた。

アメリカ政府はこの抵抗運動家たちを、ベトコン（ベトナムのコミュニスト）と称して蔑んだが、傀儡政権側の腐敗堕落が顕著で、軍事クーデター勃発や汚職などが後を絶たなかった。アメリカは1962年2月、ベトナム共和国首都のサイゴンに援助軍司令部を設置して、本格的な介入を開始した。

1964年8月、アメリカ海軍駆逐艦2隻が北ベトナム魚雷艇に攻撃されたと（米側が主張）する、トンキン湾事件が発生、ベトナム全面戦争の発端となった。アメリカは1965年2月に、ベトナム民主共和国への空爆を開始、3月にはダナン（中部の都市）に米海兵隊が上陸して、戦闘が本格化・泥沼化した。

1973年1月「ベトナム（パリ）和平協定」が調印されて、3月には米兵の撤退が完了した。

1975年3月、北ベトナム軍と南ベトナム解放民族戦線軍がサイゴンに大攻勢をかけ、南ベトナム政権は全面降伏して、サイゴンは陥落した。1976年4月の南北ベトナム統一選挙を経て、同年7月「ベトナム社会主義共和国」が成立した。筆者は、2019年にホーチミン市とハノイ市を訪問、「ドイモイ（刷新）政策」後の活気に溢れた、ベトナム社会を見聞してきた。

イラク戦争

イラク戦争は、2003年3月19日から2011年12月14日までの、約8年間の戦争である。前述した朝鮮戦争やベトナム戦争が、いずれも数十年に渡ったのと比べると、イラク戦争はやや短期だった。いっぽう、「イスラム教」「石油利権」がからんだ遠隔地中東での戦争であり、日本の若者には実感が伴いにくい戦争だろう。かいつまんで記述する。

第2次世界大戦後、地中海東端に位置するパレスチナ地方に、ユダヤ人の国家設立に向けたシオニズム運動の展開が具体化した。1947年、国際連合は「パレスチナ分割案」を採択し、翌1948年イスラエルが独立を宣言し、ユダヤ人国家が成立した。これに反発した中東諸国とイスラエルとの間で、第1次中東戦争が勃発、以後中東戦争は第4次まで繰り返された。

この地域は、パレスチナ紛争・第1次～第4次中東戦争・湾岸戦争・クルド紛争・シリア内戦・イスラム国（ＩＳ）誕生など、戦火が絶えることが無かった。

中東地域は、世界最大級の原油埋蔵地帯であることから、中東の戦火は国際石油情勢に大きく影響し、第1次・第2次の世界石油危機が発生、国際経済を大混乱させた。

１９９０年8月、サダム・フセイン率いるイラク軍が、隣国クウェートに侵攻し占領した。１９９１年1月、アメリカ主導の多国籍軍がイラクを空爆し、湾岸戦争が始まった。地上戦を経て同年2月にはイラクが敗北、以後イラクは大量破壊兵器（核や化学兵器）保有の疑いで、国連の査察を受ける事になるが、イラクはこれを妨害した。２００1年9月11日の、米国同時多発テロを経て、アメリカのブッシュ政権は国連安全保障理事会に、イラク攻撃の正当性を訴えたが、フランス・ドイツは反対した。結局、米英などの「有志連合」が、２００3年3月20日イラク戦争開戦に踏み切った。戦闘は約1か月で終了し、ブッシュ大統領は、5月1日「大規模戦闘終結」を宣言した。

日本は、イラク戦争開始早々小泉首相が「支持」を表明、「イラクの非戦闘地域」に自衛隊を派遣した。２０18年になって、自衛隊宿営地に砲弾が撃ち込まれた過去の戦闘事実が判明するが、自衛隊は長らくこれを隠蔽、当時の防衛大臣は「知らない」と国会答弁するなど、文民統制が機能していない実態を露呈した。

結局、イラク戦争は２０１１年12月に、アメリカのオバマ大統領が米軍撤退と戦争終結宣言をするまで、解決が長引いた。

参考資料として、日米戦争以降のアメリカ歴代大統領を列挙しておこう。
第32代　１９３３－１９４５　F・ルーズベルト　（民主党）

第33代　１９４５−１９５３　トルーマン　（〃）
第34代　１９５３−１９６１　アイゼンハワー　（共和党）
第35代　１９６１−１９６３　ケネディ　（民主党）
第36代　１９６３−１９６９　ジョンソン　（〃）
第37代　１９６９−１９７４　ニクソン　（共和党）
第38代　１９７４−１９７７　フォード　（〃）
第39代　１９７７−１９８１　カーター　（民主党）
第40代　１９８１−１９８９　レーガン　（共和党）
第41代　１９８９−１９９３　ブッシュ（父）　（〃）
第42代　１９９３−２００１　クリントン　（民主党）
第43代　２００１−２００９　ブッシュ（息子）　（共和党）
第44代　２００９−２０１７　オバマ　（民主党）
第45代　２０１７−２０２１　トランプ　（共和党）
第46代　２０２１−　バイデン　（民主党）

9　オバマ大統領がヒロシマにやって来た　――2016年

2016年9月発行の『オバマへの手紙』三山秀昭著（文春文庫）には、オバマ広島訪問を実現させた3人のKとして、キャロライン・ケネディ駐日大使（在職 2013～2017）、ジョン・ケリー国務長官（在職 2013～2017）、岸田外相（在職 2012～2017）が挙げられているが、3人とも2012年以降のメンバーである。オバマ来訪に最初の道をつけたのは、秋葉広島市長だ。2010年に地方自治体の長として直接オバマ大統領に広島訪問を要請したことの意義は大きい。（第1章6）

三山氏は『オバマへの手紙』の第5章と8章に、広島テレビが2014年1月から一般市民の手紙を集めて、オバマ大統領に直接広島訪問を要請するキャンペーンを行ったことが記されている。同年5月には、三山氏自身が各界リーダーからの手紙を72通携えてホワイトハウスを訪れ、米政府高官に託し、翌年には一般市民1400人分の手紙を米政府高官J氏に手渡しした顛末が書かれている。これは有効な手段だ。このような「直訴」方式は、日本よりもアメリカ社会のほうが生かされる確率が高いと思うからだ。国際交流における一般市民や個人の役割の大切さを強調することが、筆者（菅野）が本書を執筆している動機だが、時代は、草の根国際交流を求めており、国際的民主主義確立を模索する時、国籍を離れた〝個人〟が、いっそう自由に伸び伸びと発言し、活動することが期待される。「直訴」のような行動様式を、アメリカ社会は当然のこととして、子供たちにも推奨する風土があるが、日本社会には「そんな目立つことをして……」と眉をひそめる大人が、筆者の周りにもまだ存在する。

スウェーデンの若い環境活動家、グレタ・トゥーンベリさんがトランプ前大統領宛てに「地球環境保護を求める直訴状」を出したとの報道に、筆者は快哉を叫んだ。これが環境経済学者としての、筆者のメンタリティである。

たった49分のオバマ広島滞在

2016年5月27日17時25分に、アメリカの現職大統領オバマが広島平和記念公園に降り立ち、献花後「所感」を述べた。テレビ中継でも、翌日の新聞記事も「所感」という表現で統一されていた。筆者はこの「所感」という用語に、強い違和感を抱いている。注意深く中継の英語を聴いて、日本語に「所感」と訳されている元の英単語は何なのか追ってみた。また新聞では「所感」を英語で何と表現しているか探してみたが、見つけられなかった。広辞苑の「所感②」には、「心に感ずるところ。感想。」とある。「所感」では、オバマのスピーチ・タイトルとして軽すぎないか。一般的には「アメリカ大統領挨拶」とか「広島を訪問して」などとするのが普通だが、固有名詞を避けてすべてを曖昧にしたいという意図が丸見えだ。一体誰の意図なのか。

「所感」の出だしが最悪だ。

Seventy-one years ago on a bright, cloudless morning, death fell from the sky and the world was changed.

何という傍観者的発言。「アメリカ」「原子爆弾」「投下」「焦熱地獄」という、必要不可欠なキーワードがひとつも入っていない、虚ろな単語の羅列。にもかかわらず、翌日の新聞社説や「識者」等のコメントの多くが、オバマの広島訪問のしかたや「所感」を批判していない。筆者は、現下の国際情勢もオバマ外交も政治の複雑さをも熟知したうえで、オバマに進言したい。今や（２０２１年）大統領職を離れたのだから、一個人として再度広島を訪れ、多くの広島市民と虚心坦懐に語り合ってくれ、アメリカから広島に贈られたハナミズキの並木を散歩してくれと（第１章６）。長崎にも立ち寄ってくれ、現在進行形の課題を抱えている沖縄・福島も訪問してほしい、あのプラハ核廃絶演説の理想を忘れないでくれ、我々からも英語で Yes, we can!! と付け加えるから、と言いたい。

ところで、オバマは何故「原子爆弾」を「Death」と言い換えたのだろうか。岩波ブックレット『原発とヒロシマ』の序章に《原爆開発を目指すマンハッタン計画で原爆製造チームを主導したロバート・オッペンハイマーは、62歳で亡くなる2年前の１９６５年、人類初のこの実験「トリニティ」を回想し（中略）「我は**死**となれり、世界の破壊者となれり」とあの巨大なキノコ雲を見ながら感じたと述

懐している。》とある。(太字化筆者)

オバマがこのオッペンハイマー回想を知っていて、自らの「所感」であえて「原子爆弾」と言わず「死」という表現を使用したのだとすれば、オバマの教養に脱帽する。しかしながら、この教養が邪魔をしたのではないか。「死」という単語では、オバマの言いたい事が、聞く者に全く伝わっていないのだ。オッペンハイマーの回想は自身のことを「世界の破壊者」と続けている。筆者は、原子爆弾を開発製造した者・投下した者・投下を命令した者すべてが「世界の破壊者」だと考えている。

「所感」作りの真相を、オバマ本人に確かめてみたいものだ。オバマ大統領(当時)は、5月27日18時14分に広島平和記念公園を後にした。たった49分の滞在だった。

「核兵器禁止条約」に反対するアメリカ追随する日本

2017年7月7日国連総会で「核兵器禁止条約」が可決された。この採決に日本は反対したのだ。以前には棄権という手を使うこともあったが、今回は国連総会第1委員会における制定交渉開始の段階から、日本は反対の立場をとった。「核兵器禁止条約」そのものに反対している五大核兵器保有国からの、わけてもアメリカからの圧力に屈したのである。国連で反対の態度を表明した日本の外交官は、我が国が「核兵器を持たず作らず持ち込ませず」を国是にしている、という事を忘れたのだろうか。

核保有国が、わけてもアメリカがイスラエルの(事実上の)核保有を黙認している態度も矛盾に満ちている。

オバマのプラハ演説とノーベル平和賞

２００９年4月5日、就任したばかりのアメリカ大統領オバマが、チェコの首都プラハで演説を行った。これが後の、ノーベル平和賞受賞につながるのだが、12年経った今では、口先だけのリップサービス以外の何ものにもなっていない。演説直後は、アメリカが原爆投下について〝道義的責任がある〟と述べたとする、早とちりの解説が横行して、多くの人々がそれに惑わされた。

在日本国アメリカ大使館が公表した、オバマのプラハ演説日本語訳には、以下のように書かれている。

《私たちは、20世紀に自由のために戦ったように、21世紀には、世界中の人々が恐慌のない生活を送る権利を求めて共に戦わなければなりません。そして、核保有国として、核兵器を使用したことがある唯一の核保有国として、米国には行動する道義的責任があります。米国だけではこの活動で成功を収めることはできませんが、その先頭に立つことはできます。その活動を始めることはできます。》

アメリカの責任は、原爆投下という過去の行為にあるのではなく、未来に向けて「行動する」道義的責任がある、と述べているに過ぎない。

一市民になった今、そしてノーベル平和賞受賞者としてオバマには、本書「第3章の6」をぜひ読んで、ポツダム宣言作成やトルーマン大統領の原爆投下命令前後の動きを、つぶさに認識してもらいたい。プラハ演説で「行動する道義的責任がある」と述べ「その先頭に立った」実践が、たった49分の広島訪問ではあまりに不十分である。

筆者が、仮にオバマのスピーチライターだったとしたら、広島での「所感」の冒頭は、次のように（日本語で）書くだろう。

71年前、晴天の朝、**空から原子爆弾という焦熱と放射能を生む鉄の塊が落とされた。人類史上初めてのことだ。広島に落としたのは米国の爆撃機エノラ・ゲイ。**〟（太字化筆者）

もしもオバマが「所感」の冒頭でこう述べていたとしたら、2009年にプラハで演説した言葉のような道義的責任の取り方でも良いゾ、つまり核兵器は今後決して落とさない、他の核保有国にも使用させないという、そんな責任の取り方を述べたあのプラハ演説の内容でも、筆者は百歩譲って受け入れたいと考える。オバマがあくまでも〝空から死が降ってきて……〟という傍観者的な「所感」の表現を変えないのなら、筆者はオバマに忠告をし続け、個人としては、核兵器完全禁止という目標に向かって、草の根から声を上げ続けたいと思っている。

核兵器の効用として流布されている「抑止力」とは虚構に過ぎず、暴力主義・敵殲《せん》滅《めつ》主義を美化する、大ウソである。核兵器は今や使用不能な魔物で、地球を破滅に導くウルトラ危険在庫だ。

10 サーロー節子さんのノーベル賞受賞演説 ――2017年

2017年度のノーベル平和賞は、「核兵器廃絶国際キャンペーン（ICAN）」が受賞した。12月10日の授賞式で、ICANの一員であるサーロー節子さんがノーベル賞受賞演説を行った。「核兵器は必要悪ではなく絶対悪だ」英語で行われたサーロー演説のこのフレーズは、世界中の人々の魂を揺さぶった。被爆者が、ノルウェー・オスロの市庁舎における授賞式で被爆体験を語ったのは、歴史上初のことだった。サーローさんは、1945年8月6日8時15分 ヒロシマで被爆、13歳だった。演説の全文は、英語でも日本語でもICANのホームページ等で簡単に「検索」出来る。大学生に限らず、多くの日本の若者たちに読んでもらいたい。

ICANのノーベル賞受賞や、サーロー節子さんの演説に対する日本政府の態度は冷ややかなものだった。前述した、「核兵器禁止条約」に反対している我が国政府の立場と軌を一にするものだが、愚かである。一国民として情けなく思う。「国際政治とはそういうモンサ」と訳知り顔で述べるむきもあるが、筆者はそうは考えない。国際的な力関係を〝国家〟や〝軍事や政治で飯を食う人々〟に任せる時代は終わったのだ。国民一人一人の意志が大河の流れの如く、国際政治を動かす時代が到来しているのだから。

付け加えておこう、大河の流れも一滴の源流水や雨粒の集合体なのだと。

11　核兵器禁止条約発効

――2021年1月

2021年1月22日「核兵器禁止条約」が発効した。2017年7月7日に国連総会で可決されていた同条約を、批准する国々がついに50か国を超えたからだ。

核兵器保有国は、この批准国には入っていない。地球上に核兵器保有国が9か国ある。日本の若者たちよ、9か国をスラスラ言えるか？　「批准」とは何か？

答えは本書の最後にある。

日本の若者たちよ、日本が被爆国でありながら、なぜ「核兵器禁止条約」に反対しているか説明できるか？　そして、日本はどうすべきだと君たちは考えているのか？

このテーマを深く考えて、次の国政選挙に臨んで投票してほしい。

将来核兵器が、私たちの住むこの星で連続爆発したら、地球にはもう住めないのだゾ。チェルノヴィリや福島原発事故の教訓が、地球の危機を明示的に予言している。

「核の傘」などというものは存在せず、あるのは、核戦争危機のもとに全世界の人々が、丸裸のまさらされている冷徹な現実、これである。

あとがき

2018年3月に執筆した「初稿」は、第1章：21世紀の日米関係、第2章：20世紀の日米関係、第3章：19世紀の日米関係、とする「逆順の日米史」という構成だった。4月に入って、編集者から本書第1刷形式のような、構成・内容としてはどうかと助言があり、1か月で全面的に書き直した。書きながら筆者は「さすが編集のプロ」と感服しっぱなしだった。かもがわ出版の松竹伸幸氏に、感謝申し上げたい。

本書のタイトル『核兵器ではなく花をください』は、1996年に「難民を助ける会」が出版された本の『地雷ではなく花をください』というタイトルからヒントを得たものである。ここに記して、類似のタイトルを使用する事をお許し下さった「難民を助ける会」の柳瀬房子さんにお礼を申し上げたい。

筆者には、兄と妹とがいた。兄は2006年に80歳で、妹は1951年に生後4か月で死亡している。兄は太平洋戦争最終盤の1945年に4か月間徴兵され、金沢の部隊で「毎日上官の兵士に殴られてばかりだった」経験を持つ。妹は風邪が重篤化して気管支炎で死んだ。両者とも日中・日米戦争の影響を強く受けている。本書をこの2人の兄妹に贈りたい。

つい最近、兄と詩人茨木のり子さんが同年齢で同じ時代を生きていた、しかも愛知県を同郷としていた事が分かった。そこで、大好きな茨木のり子さんの『わたしが一番きれいだったとき』で、巻末を飾らせていただく（『わたしが一番きれいだったとき』岩波文庫）。

わたしが一番きれいだったとき

わたしが一番きれいだったとき
街々はがらがら崩れていって
とんでもないところから
青空なんかが見えたりした

わたしが一番きれいだったとき
まわりの人達が沢山死んだ
工場で　海で　名もない島で
わたしはおしゃれのきっかけを落としてしまった

わたしが一番きれいだったとき
だれもやさしい贈物を捧げてはくれなかった
男たちは挙手の礼しか知らなくて
きれいな眼差だけを残し皆発っていった

わたしが一番きれいだったとき
わたしの頭はからっぽで
わたしの心はかたくなで
手足ばかりが栗色に光った

わたしが一番きれいだったとき
わたしの国は戦争で負けた
そんな馬鹿なことってあるものか
ブラウスの腕をまくり卑屈な町をのし歩いた

わたしが一番きれいだったとき

ラジオからはジャズが溢れた
禁煙を破ったときのようにくらくらしながら
わたしは異国の甘い音楽をむさぼった

わたしが一番きれいだったとき
わたしはとてもふしあわせ
わたしはとてもとんちんかん
わたしはめっぽうさびしかった

だから決めた　できれば長生きすることに
年とってから凄く美しい絵を描いた
フランスのルオー爺さんのように
ね

〔補章〕 次の「論考」への助走として

本書は、日米の市民交流・草の根国際交流を書いたもので、第1章と第2章にそれを記した。本書のテーマは、「市民社会の国際交流」だとも言える。

君島東彦氏（立命館大学教授）は、『政府間関係は市民社会の分厚い交流のうえに、成り立ちます。冷戦が終わる直前のヨーロッパはそうでした。東西において、分厚い市民社会の交流がありました。東アジアではまだ不十分で、私たちは（そうした市民交流が）できるし、それをやらなければいけません。』と出版物で述べておられ、筆者も同感だ。

日米・日中関係を考える時、相互の「加害」「被害」関係がきわめて複雑だ。日米はかつて交戦国（敵同士、第3章1）であったし、世界で唯一の核兵器加害国・被害国という関係にもある（第3章6）。日中関係に至っては数千年の歴史があり、絡まり合ったその加害被害の中身は、広く深く複雑だ。

戦後日本の「国のかたち」を規定した2大法規は、「日本国憲法」と「日米安保条約」だと筆者は考える。前者で日本は武装解除させられ、後者でアメリカと軍事同盟を締結した。「戦争放棄」した日本が、次の戦争で「同盟を組む」相手を決めたこの関係図は、矛盾と欺瞞に満ちている。子供の喧嘩に置き換えれば、もう誰ともケンカはしないと決めて、全ての友達（少年B・C・D・E……）と固く約束した少年Aが、陰でこっそり悪友Bと「今度Cとケンカする時には、俺とお前（AとB）が同盟を組もう」との密約をした関係図と一致する。

ジャーナリストの佐高信氏は、『冗談半分に言ったことがあるんですが、安倍（前首相）はアメリカの51番目の州知事に過ぎないのではないか、と。ただ、アメリカからすると日本は、州と言うよりも、自分に尽くしてくれる下僕なのでしょうね。』と極論している。戦後の日本が、軍事・政治・経済的に対米従属構造のもとにあるのはもはや明白で、それを支えるものが、上記の密約関係図である。

これが現在の日米関係の根底に横たわる基本問題であり、当然日中関係にも決定的影響を及ぼすものだ。

思えば、現在80歳代以上の「60年安保世代」にとっても、現在70歳代以上の「全共闘・大学紛争世代」「団塊の世代」にとっても、上記の「日米関係基本問題」こそが、青春期の最重要政治課題であった。そして、今なお解決されていないこのテーマに対して、ノスタルジックな論評は散見されるが、パンチの効いた論考は少ない（足りない）と思われる。

本書の帯に推薦文を寄せて下さった、秋葉忠利氏・寺島実郎氏・嘉田由紀子氏などは貴重な論客である。筆者はこれらの方々の息遣いが聞こえる距離で、背中を追うべき立場・世代なのだと自戒している。

コロナ禍について、やはり触れておかねばならない。本書発行予定の、2021年2月頃に世論はどうなっているのだろうか。望ましいのは、「感染症対策」「経済政策」「オリンピックの是非」などを巡る、自由闊達な議論が老若男女で交わされる事だが、閉塞感が生むデカダンやニヒリズムから、戦争（紛争・混乱・テロ）待望論が台頭する事を、筆者は危惧している。

あわせて、日本の若者たちに蔓延している「傍観者的態度」「社会的無関心」には、危機感を抱いている。

第3章11　の答え
核兵器保有9か国　：　米　英　露　仏　中　インド　パキスタン　北朝鮮　イスラエル
批准　：（国際法用語）全権委員が署名した条約を、当該国家において、憲法上条約締結権限を与えられた者（例えば国会等）が確認し同意すること。

菅野　光公（かんの　こうこう）略歴

1945 年　和歌山県生まれ
1969 年　京都大学経済学部卒業
〃　日本石油（株）入社
1989 年　日本エネルギー経済研究所へ出向
1991 年　未来資源研究所（米国ワシントン）客員研究員
1993 年　日本石油 USA 副社長、ダラス事務所長
1998 年　室蘭工業大学国際交流室助教授
2001 年　京都大学大学院エネルギー科学研究科博士後期課程学修
2004 年　高知大学大学教育創造センター教授
2008 年　多摩大学経営情報学部教授
2014 年　名古屋学院大学外国語学部教授
〃　京都大学経済学部非常勤講師
2017 年　神奈川大学経済学部非常勤講師
2020 年　日本エッセイスト・クラブ入会、河上肇記念会世話人就任

改訂版　核兵器ではなく花をください

2018 年 7 月 1 日　第 1 刷発行
2021 年 3 月 1 日　改訂版発行

著　者　ⓒ菅野光公
発行者　竹村正治
発行所　株式会社　かもがわ出版
〒602-8119　京都市上京区堀川通出水西入
TEL 075-432-2868 FAX 075-432-2869
振替　01010-5-12436
ホームページ　http://www.kamogawa.co.jp
印刷所　シナノ書籍印刷株式会社

ISBN978-4-7803-1145-7　C0095